Originelle Todesfälle

Nikolaus Jungwirth / Gerhard Kromschröder

Originelle Todesfälle

Eichborn Verlag

CIP-Kurztitelaufnahme der Deutschen Bibliothek

Originelle Todesfälle: ges. u. hrsg. von
Nikolaus Jungwirth u. Gerhard Kromschröder.
— Frankfurt am Main: Eichborn, 1982.
ISBN 3-8218-1807-7

NE: Jungwirth, Nikolaus [Hrsg.]

Eichborn Verlag
August 1982
Umschlaggestaltung und Layout:
Nikolaus Jungwirth

Gesamtherstellung: Fuldaer Verlagsanstalt
Printed in Germany
ISBN 3-8218-1807-7

Nach schwerem, mit viel Geduld ertragenem Leiden, verstarb am 2. Jänner im Ischler Spital Frau Stefanie Stummer, Gassnerweg 1. Sie stand im 73. Lebensjahre. Frau Stummer erfreute sich ob ihres freundlichen Wesens und ihrer Hilfsbereitschaft großer Beliebtheit, was sich bei der Beisetzung am Stadtfriedhof dokumentierte.

Zunächst ein alltäglicher, ein ganz und gar unorigineller Todesfall: Frau Stummer ist gestorben, nachdem sie ein schweres Leiden mit viel Geduld ertragen hatte. Selbst diese gänzlich unsensationelle Zeitungsnotiz läßt einen nicht kalt. Auch als völlig Unbeteiligter, der sich von der Verstorbenen lediglich aufgrund der kleinen Abbildung und der aus drei Sätzen bestehenden Meldung eine Vorstellung machen kann, empfindet man Mitgefühl, das durch die Mitteilung noch gefördert wird, Stefanie Stummer habe sich zu Lebzeiten durch ein freundliches Wesen und Hilfsbereitschaft ausgezeichnet. Wie bei allen Schreckensnachrichten erfaßt einen aber auch Angst, es könnte einem ähnliches widerfahren. Daß man eines Tages vom Tod eingeholt wird, ist sowieso gewiß und unabwendbar. Aber wird dann erst noch ein schweres Leiden vorangehen?

Es ist die eigene Ungewißheit, die Berichten über Sterben und Tod und dessen Begleitumstände unser andauerndes Interesse sichert. Um so mehr dann, wenn es nicht um Fälle derartig banalen Ablebens geht wie den, der hier so lapidar aus dem Spital von Ischl gemeldet wird. Die Wißbegierde wird durch solche Meldungen am besten gestillt, in denen das Sterben — wahrscheinlich gerade weil es ein so elementarer und deshalb so allgemeiner Vorgang ist — in einer Weise aufbereitet ist, daß es jeweils wie ein merkwürdig einzigartiges, oft auch eigentümlich skurriles Ereignis aussieht. »Blitz erschlug Wurstkönig«, »Zechpreller erstickte an einer Schweinshaxe«, »Iltis erschoß Kreisrat«, das sind Nachrichten, von denen wir oftmals nicht so recht wissen, ob sie uns wirklich nur wegen der Originalität der beschriebenen Todesfälle fesseln, oder wegen der mit dem Ernst der Situation kontrastierenden Komik, oder ob das alles nur vorgeschobene falsche Alibis sind, die vom tatsächlichen Grund unseres Interesses ablenken sollen.

Natürlich ist es eine Binsenweisheit, daß ein jeder Angst vor dem Tod hat. Aber unsere eingestandene oder uneingestandene Genugtuung darüber, daß wir den Wurstkönig und den Zechpreller überlebt haben und daß uns bei allen tagtäglichen Gefährdungen doch noch nie etwas so Unglaubliches passiert ist wie dem Kreisrat, der von einem Iltis erschossen worden ist, hängt doch höchstwahrscheinlich damit zusammen.

Daß diese Geschichten ein derartig großes Interesse finden und deshalb auch so häufig in den Zeitungen auftauchen, ist verständlich. Dieser Umstand hat — auch wenn der Vorwurf der billigen Sensationslust leicht zu erheben ist — etwas mit einem berechtigten Informationsbedürfnis zu tun. Denn schließlich erzählen diese Berichte doch alle von einem Ereignis, das jeden von uns einmal ereilen wird. Und sollte es sich auch unter noch so bemerkenswerten Begleitumständen abspielen, so werden wir, obwohl unbestreitbar die Hauptperson des Geschehens, es doch nicht mehr miterleben können. So wie der Wurstkönig, der Zechpreller oder der Kreisrat vor uns.

Von der Frau verlassen: TÜV-Ingenieur baute sich eine Todesmaschine

Von LUTZ KITTEL

Hannover, 20. März
Um Mitternacht bastelte TÜV-Ingenieur Wolfgang H. (27) die Maschine, die ihn umbringen sollte: Er schloß ein Lampenkabel an eine Zeitschaltuhr, stellte den Wecker auf sechs Uhr früh. Er klemmte ein blankes Kabelende unter den goldenen Trauring am rechten Ringfinger, das andere links unter die Armbanduhr. Dann steckte er den Stecker in die Dose, setzte sich an den Wohnzimmertisch und wartete.

Die Todesmaschine funktionierte. **Punkt sechs Uhr jagte ein Stromschlag durch den Körper des großen, schlanken Ingenieurs — er war sofort tot.**

Seine Kollegen wunderten sich, daß er nicht wie immer pünktlich um acht am Schreibtisch saß. Sie riefen die Polizei. Die Beamten fanden Wolfgang H. vornübergesunken auf dem Stuhl, den Kopf auf der Tischplatte.

Er wollte nicht mehr leben, weil seine Frau Monika (27) ihn vor vier Monaten verlassen und die Scheidung eingereicht hatte.

Wiesbadener baste

Muste

suchte

Jenseits-S

Von PETER VOSS

Wiesbaden, 8. September
Mit 13 Jahren glaubte Uwe N., ein frühreifes Genie, alle Geheimnisse dieses Lebens zu kennen. Da beschloß er zu sterben, um das letzte Geheimnis zu klären: Gibt es Gott?

Uwe, einziges Kind eines Wiesbadener Werkmeisters und bester Schüler ir der Klasse seines Gymnasiums, erfanc eine Tötungsmaschine von erschrek

te Tötungsmaschine

schüler

Gott im

elbstmord

kender Präzision.

Dann ging er in den Hobby-Keller. Er legte sich eine Drahtschlinge um den Hals, klebte sich Metallplatten auf die Brust, verband Drähte mit der Steckdose und stellte den selbst konstruierten Stecker auf „Ein": Ein Stromstoß jagte durch den Körper. Der 1,89 m große Junge sackte zusammen — und erdrosselte sich sterbend in der Schlinge.

Weiter auf der letzten Seite.

Sein höchster Flug sein letzter Flug

Drachenmensch über Deutschland abgestürzt - tot

Ein Jahr lang hatte er im Keller an dem Drachen gearbeitet ● Ein Aluminiumrohr knickte ein

Der zerstörte Drachen an der Absturzstelle

Von W. R. KRUSE
und S. LIPSKY

Hamburg/Hitzacker, 5. Juli

Die Leute im Haus „Am Weinberg 17c" in Harburg brauchen sich nun nicht mehr darüber zu ärgern, daß dieser „komische" Herr Staschull mit seinen seltsamen Basteleien den ganzen Gemeinschaftskeller versperrt — sie haben jetzt Ruhe.

Drachenfliegen — ein großartiges Erlebnis, aber gefährlich. Beim ersten Versuch kam Gert Staschull ein paar Meter hoch. Beim zweiten Versuch stürzte er auf sein eigenes Autodach und brach sich den Fuß. Der dritte Versuch vorgestern abend war tödlich.

Gynäkologen lagen tot zwischen Geldscheinen

sad. **New York,** 21. Juli

Zwei prominente New Yorker Frauenärzte und Professoren, die Zwillinge Dr. Cyril und Dr. Stewart Marcus (45), sind auf rätselhafte Weise gestorben: Sie lagen halbnackt in ihrer Luxus-Wohnung am East-River, auf dem Boden überall Geldscheine. „Keine Spur von einem Kampf, keine Gewaltanwendung", erklärt die Polizei. Jetzt wird untersucht, ob die Leichen der Gynäkologen Spuren von Drogen aufweisen.

Hier sprangen die Zwillingsschwestern in den Tod

Fortsetzung von Seite 1

Bettina und Sybille — schlanke, hochgewachsene Mädchen, langes, dunkelblondes Haar, lebhafte Augen und ungewöhnlich schmale, empfindsame Hände.

In dem wunderschönen Elternhaus am Stadtrand saßen die beiden oft an zwei Flügeln im Wohnzimmer und spielten Chopin und Bach und Haydn.

Sybille war auf der Querflöte im letzten Jahr sogar Bundessiegerin im Wettbewerb „Jugend musiziert" geworden.

Und Bettina hatte auf dem Klavier in einem Landeswettbewerb den ersten Platz geschafft.

Nach dem Abitur (sie hatten gute Schulnoten) wollten die Zwillinge Musik studieren.

In den letzten Wochen wurde Bettina, die ernstere von beiden, immer ernster, fast ein bißchen depressiv. Schulfreundinnen sagen, daß Bettina die Dominierende war.

„Das beobachten wir oft bei eineiigen Zwilligen", sagte der Stuttgarter Psychologe Dr. Alfred Hinsinger, „daß der eine Zwilling auffallend dominierend ist, beherrschend, und deshalb beide vieles gemeinsam tun."

Sogar gemeinsam sterben . . .

Bauarbeiter fanden gestern früh die Zwillinge neben den Bahngleisen. Die beiden verstümmelten Körper lagen aufeinander, und man konnte gerade noch erkennen, wie eng umschlungen Bettina und Sybille gestorben waren.

Von dieser Stelle (Pfeil) sprangen Bettina und Sybille vor den Zug — und niemand weiß, warum

Zum 1. Mal: Roboter tötet Auto-Arbeiter

Im Kawasaki-Werk bei Osaka (Japan) sah ein Arbeiter (37), daß ein Roboter, der vollautomatisch Autogetriebe produzierte, eine Panne hatte. Als der Japaner die Sicherheitsschranke überschritt, ließ der mannshohe Roboter blitzschnell seinen stählernen Greifarm vorschnellen, boxte dem schreienden Arbeiter in den Rücken und preßte ihn gegen eine Fräsanlage. Die anderen Arbeiter konnten den Roboter nicht abschalten. Das Opfer starb an schweren inneren Verletzungen. Die Industrie-Tragödie ereignete sich im Juni.

In Japan sind 76 000 Industrie-Roboter im Einsatz.

Tödlicher Ehes

SIE WAREN EINE GLÜCKLICHE FAMILIE: das Ehepaar Albin
Bis der 44jährige Hilfsmonteur seine

reit ums Essen

nd Emma K. mit den Kindern (v. l.) Lydia, Irene, Anni und Franz.
4jährige Frau im Streit ums Essen erschoß.

Todkranker Polizist starb 76 Tage zu früh

Erst nach dieser Zeit hätte er 10 Jahre Dienstzeit gehabt, und seine Frau hätte Pension bekommen

ap./sad. **San Franzisko (USA)**, 2. April

Der mehrfach ausgezeichnete Polizist John Orlando (38) in San Franzisko wußte, daß er nicht mehr lange leben würde. Er litt an Leukämie (Blutkrebs). Trotzdem zog er jeden Tag die Uniform an, schnallte sich den Revolver um und ging zum Dienst.

Orlando hatte nur ein Ziel: Er wollte noch bis Juli leben. Dann wäre er zehn Jahre im Dienst gewesen, und seine Frau hätte eine Pension bekommen. Um ihr und seinen vier Kindern nach seinem Tod das Geld zum Leben zu sichern, schleppte er sich in den letzten Wochen mit aller Energie zur Arbeit.

Kollegen durften ihm nicht helfen

Sein Dienst ging von 16 Uhr bis Mitternacht. Auf seinen Streifengängen wurde ihm oft schwindlig. Um überhaupt noch leben zu können, mußte er jeden Tag ins Krankenhaus. Er bekam eine Bluttransfusion.

Schon vor Monaten hatten sich 40 seiner Kollegen angeboten, abwechselnd Orlandos Dienst zu übernehmen. So wollten sie ihm helfen, das Soll von zehn Jahren zu erreichen. Aber die Polizeibehörde lehnte ab.

Am vergangenen Wochenende fühlte Orlando den nahen Tod. Er hatte Nasenbluten. Heimlich stillte er im Badezimmer das Blut. Dann küßte er seine vier kleinen Kinder und ging wie immer zum Dienst. Diese acht Stunden hielt er noch durch. Jetzt ist er gestorben — 76 Tage zu früh. Seine Familie bekommt nur eine einmalige Entschädigung von 2500 Mark.

„Er war ein geborener Polizist", sagte seine Frau Vera mit tränenerstickter Stimme.

Boxer schlug den zweiten Gegner im Ring tot

Er schlug zu: Halbweltergewichtler Hector Thomson, einige Sekunden nachdem er zum zweitenmal einen Menschen im Boxring umgebracht hatte.

Für den Sieg bekam er 10 000 Mark – er sagt: ‚Ich werde weiterboxen'

Sydney (Australien), 7. April

Blitzschnell zuckt der braune Arm des australischen Berufsboxers Hector Thompson (28) nach vorn — seine Faust kracht ans Kinn des 22jährigen Amerikaners Chuck Wilburn. Wie ein gefällter Baum stürzt Chuck auf die Bretter. Er wird ausgezählt — k.o.

Bei diesem Box-Sieg in Melbourne ahnte niemand der johlenden Zuschauer, daß Halbweltergewichtler Chuck Wilburn in dieser Sekunde zu sterben begann. Er raffte sich noch einmal auf. Blut sickerte aus seiner Nase. Dann torkelte er in seine Ecke, sackte zusammen und wurde bewußtlos. Das war am Donnerstagabend — gestern starb er an einer Gehirnblutung infolge des furchtbaren Kinnhakens.

Im Krankenhaus hatten die Ärzte noch eine Notoperation versucht.

Zum zweitenmal schon hatten Thompsons eiserne Fäuste ein Leben im Boxring ausgelöscht: Vor sechs Jahren erschlug er den 20jährigen Roko Spanja in der dritten Runde. Todesursache: Gehirnblutung.

Gestern sagte der „Totschläger von Sydney": „Ich werde weiterboxen. Denn ich habe vier Kinder zu ernähren." Für den Kampf mit Wilburn kassierte er 10 000 Mark.

Wilburn bekam nur 7000 Mark. Seine 19jährige Witwe sagte weinend: „Trotz allem werde ich Hector Thompson nicht hassen."

Wilburns Mutter: „Was 30 Sekunden vor Schluß der letzten Runde passiert ist, war Gottes Wille. Ich zweifle nicht daran, daß Chuck nicht gut genug war für einen Kampf mit Thompson . . ."

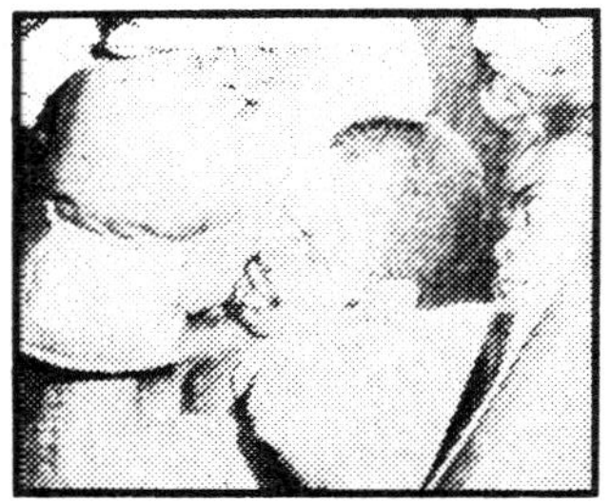

Tödlicher K.o.: US-Boxer Chuck Wilburn liegt ohnmächtig in seiner Ecke. Er wachte nie mehr auf.

Zu den prominentesten Patienten des Chirurgen Dr. Cassau (links) gehörten die Schauspielerin Inge Meysel (rechts), Bundestagspräsidentin Annemarie Renger (oben) und Filmstar Louis Trenker

Glatteis! Inge Meysels Chirurg fuhr sich tot

Er war einer der berühmtesten Chirurgen Deutschlands

rb. **Berlin, 15. Dezember**

Für den berühmten Chirurgen kam jede Hilfe zu spät: Dr. Dietrich Cassau war schon tot, als ihn Feuerwehrleute aus seinem zusammengequetschten Autowrack geschweißt hatten.

Dr. Cassau, 47, war Chefarzt der renommierten Berliner Schloßpark-Klinik. Zu seinen vielen prominenten Patienten gehörten Inge Meysel, Luis Trenker, Annemarie Renger und viele Spieler des Bundesliga-Klubs „Hertha BSC".

Am Samstagabend um 22.20 Uhr war der Arzt durch den Kronprinzessinnenweg gefahren: Da kam der schwere BMW 3,0 Dr. Cassaus auf Glatteis ins Schleudern, riß eine gußeiserne Gaslaterne um und krachte gegen eine mächtige Eiche: Der Fahrer, der so viele Unfallopfer gerettet hat, erlitt schwerste Schädelverletzungen, der Brustkorb war zerquetscht, das linke Bein abgerissen.

(Lesen Sie bitte weiter auf S. 3.)

Gruppen-Looping in den Tod

Nach eine solchen Looping bohrten sich die vier Jets vom Typ TTT-38 „Talon" in die Erde und explodierten (Skizze). Die Piloten wurden zerfetzt: Hauptmann Mark Melancon, Hauptmann Joseph Peterson, Major Norman Lowry, Major Willie Mays.

Netter kleiner Junge totgeprügelt – er hatte Limonade verschüttet

Der Geliebte der Mutter: „Ich bin durchgedreht“

Hu
Mi

nd erschoß isterschwester am Klavier

Von MATTHIAS BECKMANN und ERNST DANKERT

Bingen (Rhein), 29. Januar

Die Schwester (41) des hessischen Finanz-Ministers Heribert Reitz ist vom Hund ihres Mannes am Klavier erschossen worden – stellte gestern das Amtsgericht Bingen in einem ungewöhnlichen Prozeß fest.

Wegen fahrlässiger Tötung angeklagt war der Witwer der Ministerschwester, der Bauingenieur Erich D. (64).

Er sagte vor Gericht: „Meine Frau saß am Klavier im Wohnzimmer und spielte. Ich kam gerade mit dem Kleinkalibergewehr aus dem Keller. Ich wollte mit meinem Hund in den Garten, ihn schußsicher machen, ihn an den Knall gewöhnen."

Da habe seine Frau gesagt: **„Erich zeig' mir doch auch mal, wie das Gewehr funktioniert – falls ich mal allein im Haus bin."**

In der Ecke stand Hund „Dixi" (2) ein 60 Pfund schwerer Hovawart.

Erich D.: „Ich stand hinter meiner Frau. Die Mündung des Gewehrs war 20 Zentimeter von meiner Frau entfernt. **Das sprang ‚Dixi' mich plötzlich an. Der Hund ist an den Abzug gekommen, da hat sich ein Schuß gelöst."** Die Kugel von Kaliber 22 traf die Frau im Genick. **Sie sank tot vom Klavierhocker.**

Erich D.: „Dabei war das Gewehr gesichert." Der Staatsanwalt dagegen: „Es war nicht gesichert."

Ein BKA-Gutachter: „Die Waffe konnte auch gesichert mit großer Kraft abgefeuert werden, weil sich eine Schraube gelockert hatte. Wir haben die Pfote des Hundes 20mal an dem Gewehr entlanggeführt. Einmal ist es ihm dabei gelungen, einen Schuß abzufeuern."

Danach Rattengift...

Der Richter zum Angeklagten: „Haben Sie den Hund noch?"

Erich D.: „Leider nein – das heißt: Gott sei Dank! Er hat zwei Monate danach Rattengift gefressen und ist daran gestorben."

Der Staatsanwalt: „Hatten Sie materielle Vorteile durch den Tod ihrer Frau?" – Erich D.: **„Nein.** Nur das Haus."

Der Richter sprach ihn frei: „Dem Angeklagten ist keine Pflichtwidrigkeit nachzuweisen."

Der Tatort! „Ich konnte hier nicht mehr leben"

„Dixi" (oben), der Hund der die Ministerschwester Maria D. (rechts) erschoß, ist tot. „Ich will auch keinen Hund mehr haben", sagt Erich D. Er steht neben dem Klavier, an dem seine Frau starb. „Das Haus habe ich verkauft – ich konnte da nicht mehr leben", sagte er zu BILD.

Fotos: Ernst Dankert

Auf der Straße eine Scheibe Schinken gegessen – erstickt

kr. **Bremen,** 16. März

Zwei Pfund zarten, geräucherten Schweineschinken kaufte Ernst W. (35) in einer Bremer Metzgerei. Schon auf der Straße biß er heißhungrig in eine Schinkenscheibe! Sekunden später brach er bewußtlos zusammen — das Schinkenstück steckte in der Luftröhre. Der hungrige Mann erstickte.

Selbstmord im Leichenschauhaus

ap. **Melbourne,** 2. 4.

Der Pförtner öffnete gerade die Tür, da knallte im Leichenschauhaus von Melbourne ein Schuß: Selbstmord einer dreißigjährigen Frau. Ihr Abschiedsbrief: „Mein Tod soll nicht allzuviele Schwierigkeiten machen."

Singender „Baum" fiel um – ein Toter

ap. **Wichita (US-Staat Kansas), 24. 12.**

Es war schon eine verrückte Idee: Auf einem sechsstöckigen Gerüst in Form eines Weihnachtsbaums schmetterten 65 Mitglieder des Gesangvereins von Wichita Weihnachtslieder. Als sich die Sänger vor dem Publikum verbeugten, fiel der „singende Weihnachtsbaum" um: Ein Toter, 33 Verletzte.

KURZ UND NEU

AN EINEM STEAK ERSTICKT

Tödlich endete für einen Franzosen in der lothringischen Stadt Metz eine Wette, ein Rindersteak mit einem einzigen Biß hinunterzuschlucken. Das Fleisch blieb ihm in der Speiseröhre stecken und führte zu seinem Erstickungstod.

Selbstmörder mit Ausdauer

rtr. **Linz,** 14. Januar

Erst beim elften Versuch starb er: Nach zehn erfolglosen Selbstmordversuchen sprengte sich der Österreicher Anton Kohlberger (24) auf einer Polizeiwache bei Linz mit Dynamit in die Luft. Ein Polizist hatte vergeblich versucht, den Lebensmüden zu retten.

Oma sah Nackten und fiel tot um

ms. **Düsseldorf,** 30. 3.

„Da hab' ich mich doch zu Tode erschrocken", sagt man hinterher — die 77jährige Oma aus Düsseldorf kann es nicht mehr sagen. Denn sie hat sich wirklich zu Tode erschrocken . . . als sie einen splitternackten Mann sah! Die alte Dame lief zurück in die Wohnung und rief die Polizei an: „Kommen Sie sofort . . ." dann brach sie zusammen, Herzversagen, Tod. Der „Nackte", ein junger Familienvater, sagte: „Ich kam gerade aus der Badewanne."

Tod durch Trachtenrock

tw. **Marburg, 25. 10.**

Jeden Morgen sahen die Leute in der kleinen Gemeinde Oberndorf die alte Bäuerin mit den grauen Haaren und ihrem weiten, dunkelbraunen und mit bunten Stickereien verzierten oberhessischen Trachtenrock aufs Feld gehen. Jetzt wurde der 70jährigen Anna Elisabeth Siegfried, die mit ihrem Sohn, der Schwiegertochter und ihren 4 Enkelkindern lebte, ihr liebstes Kleidungsstück zum Verhängnis: Der Rock verfing sich in den Zahnrädern des Miststreuers. Die alte Frau wurde mitgerissen, ihre Knochen zertrümmert. Sie starb in der Marburger Uni-Klinik.

Playboy von Oberammergau beim Fensterln abgestürzt — tot

emj. **Oberammergau,** 9. Juli

Beim Fensterln in einer Pension mit hübschen Urlauberinnen ist ein 26jähriger Bayer von der Leiter gefallen: Er stürzte vier Meter auf Betonboden und starb. Der junge Mann galt als der „Playboy" von Oberammergau.

Im Wohnzimmer überfahren

ap. **Dayton (USA),** 27. Dezember

Beim Fernsehen im Wohnzimmer ist der Amerikaner William Skeen (42) in Dayton (Ohio) am Heiligen Abend von einem Auto getötet worden: Der Mann saß gerade auf seinem Sofa, als eine Autofahrerin die Gewalt über ihren Wagen verlor und eine Hauswand durchbrach.

Selbstmord mit der Kreissäge

dpa. **Belgrad,** 30. Juni

Ein 46 Jahre alter Arbeiter hat in Trstenik (Jugoslawien) auf dem Hof seines Onkels auf einmalige Weise Selbstmord begangen: Er stellte die Kreissäge an und sägte sich den Kopf ab.

Selbstmörder fuhr mit Taxi zum Sterben

sad. **Saint-Flour** (Frankreich), 13. 11.

„Bitte zur Brücke von Garabit", sagte der Fahrgast, ein 27jähriger Lehrer, zum Taxifahrer. Auf der Brücke, die in 122 Meter Höhe eine Schlucht in Mittelfrankreich überspannt, ließ der Fahrgast stoppen, zahlte und sprang — bevor der Taxifahrer überhaupt begriff, was vor sich ging — über das Geländer in die Tiefe. Der Selbstmörder hatte ein paar Tage Urlaub aus der Heilanstalt bei Paris bekommen.

Winzer erstickte im Weinbottich

PRIVAS, 13. Oktober (AFP). Beim Zerstampfen der Trauben ist ein Winzer in Empurany im südfranzösischen Departement Ardeche am Wochenende in einem Weinbottich erstickt. Die Leiche des Verunglückten wurde erst gestern mittag von seiner Familie aufgefunden. Der Winzer war am Sonntag vermutlich dem Kohlendioxid zum Opfer gefallen, das bei der Gärung der Trauben entsteht.

IHRE GOLDFISCHE wollte eine 65jährige Engländerin im zugefrorenen Tümpel in ihrem Garten retten. Beim Versuch, den Tümpel aufzutauen, verlor sie das Gleichgewicht und ertrank.

Es sollte sein größter Tag werden – Bankdirektor brach tot zusammen

ner. **Frankfurt, 14. 11.** **Der große Tag im Leben des Bankdirektors Dr. Hans-Joachim Mühlenburg war auch sein letzter . . .**

65. Geburtstag! Im Sitzungssaal der Frankfurter Bethmann-Bank, mit den kostbaren Gobelins an den Wänden, hatten sich zwölf Herren im Halbkreis um den Jubilar aufgebaut. Kaltes Buffet, Sekt.

Herzinfarkt: Bankdirektor Mühlenburg

Bankchef Freiherr von Bethmann hielt eine kleine Rede: „. . . und wollen wir alle mit dieser kleinen Feier unseren Dank für Ihre aufopfernde Arbeit verdeutlichen . . ."

Dann dankte der gefeierte Bankdirektor Dr. Mühlenburg: „Ich fühle mich hochgeehrt . . ." Da versagte ihm die Stimme, er griff sich ans Herz und brach zusammen. Herzinfarkt! Im Zinksarg wurde er hinausgetragen.

Das kalte Buffet bekam ein Altersheim.

Undank trieb Arbeiter in den Selbstmord: Er hatte sein Haus dem Neffen überschrieben

Von Werner A. Maier

Gröbenzell — Er hatte seinem Neffen vor drei Jahren einen Anbau an sein Haus finanziert. Er hatte ihm 23 000 Mark als Darlehen gegeben. Vor zwei Jahren hatte er ihm sogar das ganze Haus überschrieben. Dafür hatte der Arbeiter Josef R. (62) aus Gröbenzell Dank erwartet. Er erntete nur Ärger und Streit. Seine Frau Agathe machte ihm Vorwürfe, weil er dem Jüngeren das Haus übereignet hatte. Josef R. hielt das alles nicht mehr aus. Er nahm sich am Mittwochabend das Leben.

An diesem Tag hatte der 62jährige wieder mit seiner Frau gestritten. Verzweifelt und wütend stürzte er danach aus dem Haus in seinen Schuppen. Dort schlang er sich ein Elektrokabel um den Hals und wollte sich aufhängen. Doch das Kabel riß und Josef R. fiel bewußtlos zu Boden. So fand ihn um 20.45 Uhr seine Frau Agathe. Für ihren Mann kam jede Hilfe zu spät. Er starb gestern im Krankenhaus.

Schon öfter hatte Josef R. damit gedroht, sich umzubringen, wenn sein Neffe und dessen Frau weiterhin so undankbar seien. Dabei war alles in bester Ordnung gewesen, als Josef R. das Paar vor drei Jahren in sein Haus aufnahm. Er und seine Frau zogen damals in den ersten Stock, die jungen Leute bekamen das Erdgeschoß für sich.

Für den Umbau der Wohnung lieh der 62jährige seinem Neffen die 23 000 Mark. Weil er keine Kinder hatte überschrieb er ihm schließlich das gesamte Haus. Doch als er vom Neffen die Zinsen für das Darlehen verlangte, wollte dieser nicht bezahlen.

IN DIESEM SCHUPPEN hinter seinem Haus nahm sich der Arbeiter das Leben. Fotos: Horst Buch

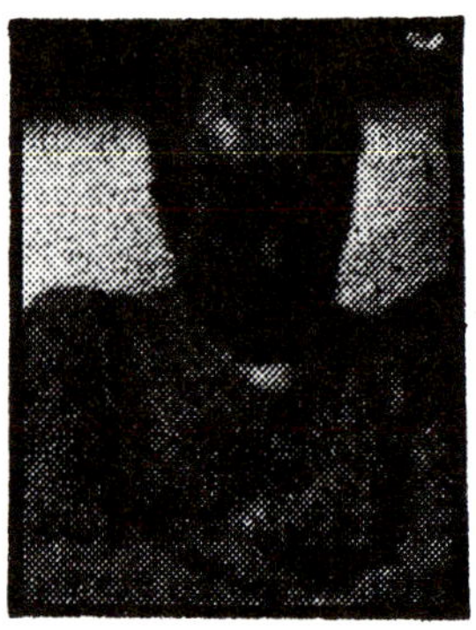

BRACHTE SICH UM: Josef R. (62)

Dann begannen die Schikanen. Angeblich sperrte der Neffe öfters die einzige Toilette im Haus ab, so daß Josef R. nicht hineinkonnte. Für den alten Mann wurde das Leben in seinem früher eigenen Haus unerträglich. Da machte Josef R. Schluß.

Münchner Familie starb auf einem Campingplatz

Lüftung war geschlossen

3 Tote im Wohnwagen

FREUTE SICH auf das Campen mit den Eltern: die zehnjährige Karin.

ERSTICKT: Max und Elfriede Steinberger.

WURDE ZUR TODESFALLE: der Campingwagen der Familie Steinberger.

Aus Enttäuschung über den Sex-Shop-Besitzer:

Münchens bekanntestes Playgirl vergiftete sich

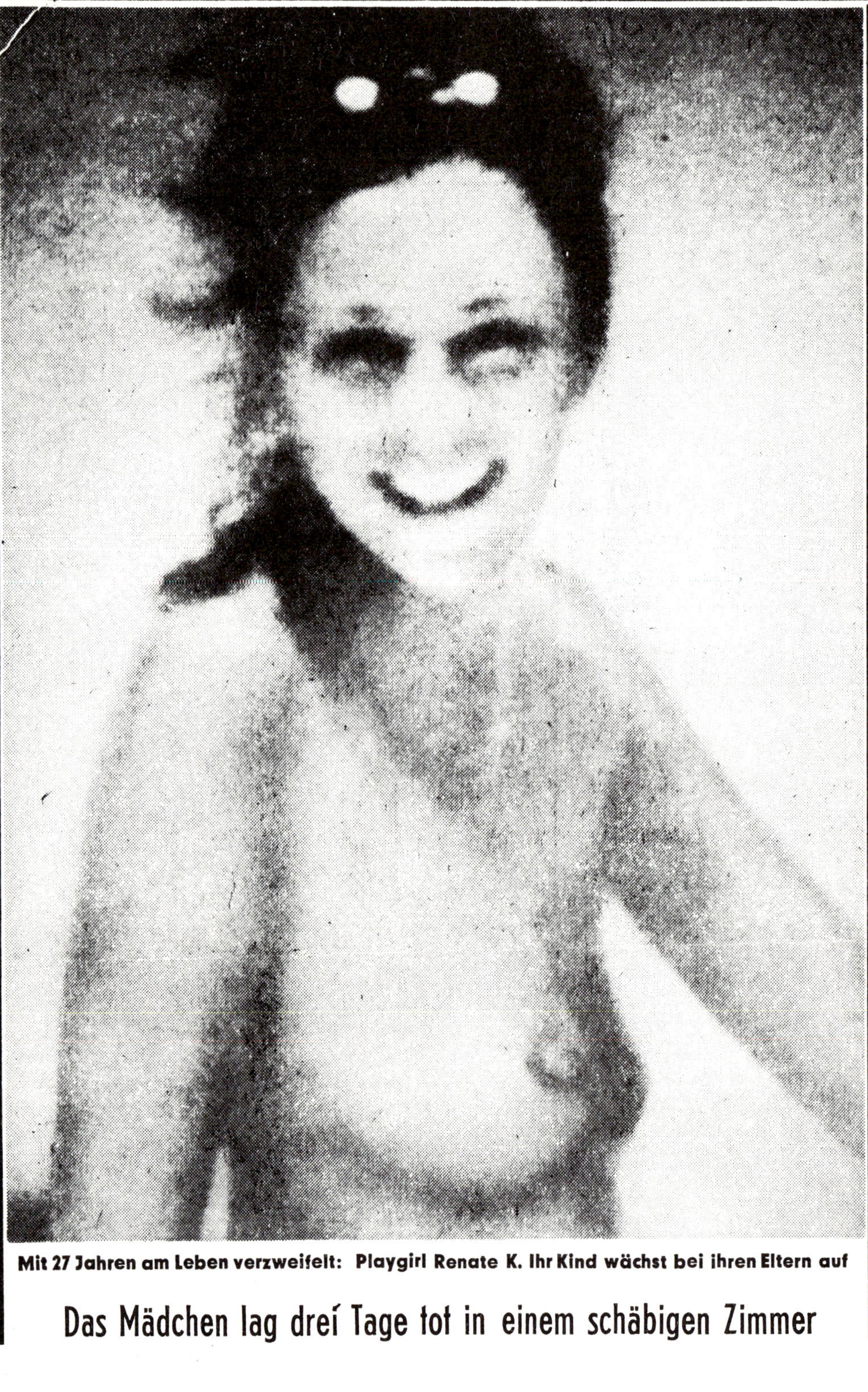

Mit 27 Jahren am Leben verzweifelt: Playgirl Renate K. Ihr Kind wächst bei ihren Eltern auf

Das Mädchen lag drei Tage tot in einem schäbigen Zimmer

Erfolgreiches Fotomodell nahm zu viele Tabletten — und starb

Von PETER MICHALSKI

sad. **London,** 29. September

„Wissen Sie, was ich mir als Inschrift für meinen Grabstein wünsche?" sagte das Top-Modell bei der Arbeit: „Hier ruht Carol Augustine, und wir alle haben sie geliebt. Sie lebte ein gutes Leben."

Als die 21jährige Londonerin Carol Augustine das vor einigen Wochen zu ihrem Fotografen Terry O'Neill sagte, muß sie eine Todesahnung gehabt haben. Jetzt starb sie in ihrer luxuriösen Villa an der Algarve (Portugal) nachts im Schlaf. Neben der Toten lagen zwei Tablettenröhrchen — eines mit Schlaftabletten, das andere mit einem Schlankheitsmittel. Carol hatte offenbar beides zusammen mit Alkohol eingenommen und war daran gestorben.

Sie hatte immer Hunger

Der tschechische Fotograf Eugene Finkei (30), mit dem Carol zusammenlebte, erzählt: „Sie war krankhaft verfressen. Manchmal stand sie morgens um sechs auf, um die Reste des Abendbrots zu verschlingen. Deshalb nahm sie Schlankheitspillen. Sie schluckte auch regelmäßig Vitaminpillen — außer den Schlaftabletten."

Dieses exotische Mädchen, schon bald eines der bestbezahlten Foto-Modelle (pro Woche 4000 Mark), hatte Freunden verraten: „Im Grunde bin ich sehr schüchtern und jedesmal schockiert, wenn ich ein erotisches Foto von mir sehe. Ich bin nicht gern nackt vor der Kamera ..."

Modefotograf Rod Delroy: „Carol wollte nie ein Sex-Symbol sein. Sie war so unverdorben. Wir alle liebten sie" — wie sie es sich als Grabinschrift wünschte.

Schön und sexy: Carol Augustine, 1,65 Meter groß (91—61—91). Millionen englische Männer kennen das Top-Modell vom Bildschirm als begehrenswertes Werbemädchen für Zigarren der Marke „Manikin". Jetzt hat die Zigarrenfirma alle Werbefilme mit Carol zurückgezogen.

Millionä
in Deuts
teuerste

Millionär 
vor Casino
erstochen

elü./rud. **Hamburg, 26. Jul**
Es war kurz vor Mitternacht, als im vornehmsten deutschen Bordell, dem „Hotel Lausen" an der Reeperbahn in Hamburg St. Pauli, um Hilfe gerufen wurde: „Kommt schnell! Das ist ja furchtbar. Hilfe, Hilfe!"

r starb
chlands
n Bordell

Auf Zimmer Nr. 1 lag ein Sterbender: der 70jährige verheiratete Hamburger Schrott-Millionär Otto S. Er hatte im Zimmer mit dem schönen Liebesmädchen Doris (19) eng umschlungen getanzt. „Komm, du bist so schön", hatte er ihr zugeflüstert. Und während sich Doris neben dem breiten, rosefarbenen Bett langsam entkleidet hatte, war er stöhnend auf dem brokatbezogenen Sessel zusammengesunken.

● Das Auto flog parallel zur Brücke durch die Luft, bevor es auf die schneebedeckte Wiese krachte. Die 4 Toten liegen noch unter Decken, Polizeibeamte untersuchen das Autowrack.

…e' aus Schnee flog Tote

Eduard W. (28) ist Fernfahrer, kennt die Straßen. Mit seinem orangefarbenen privaten Opel Manta GTI fuhr er mit Tempo 130 über die Autobahn A 81 nach Würzburg. Mit im Auto waren die angehende Friseurin Valentina R. (17), ihr Bruder Oscar (19), der bei Opel arbeitete, sein Kollege Anton S. (18) und ein Freund (18). Sie kamen aus Kaiserslautern, wollten einen Freund besuchen.

Samstag mittag, es begann zu schneien. Auf der Autobahnbrücke übers Taubertal löste sich plötzlich rechts hinten das 1,5 Zentimeter dicke Gummiprofil vom Reifengewebe und wirbelte in Fetzen davon. Ein Unfall, der öfter passiert.

Aber der Opel schleuderte, rutschte mit den Vorderrädern auf den eishart gefrorenen Schneewall (den Räumfahrzeuge entlang der Standspur aufgehäuft hatten).

Der Wall wirkte wie eine Sprungschanze: Der Opel Manta schoß in die Höhe, über die Standspur und das 1,20 Meter hohe Brückengeländer hinweg hundert Meter weit durch die Luft. Dann prallte das Auto auf der verschneiten Wiese auf – **33 Meter tief unter der Brücke überschlug es sich zweimal.**

Der Opel-Fahrer und die angehende Friseurin wurden beim Aufschlag herausgeschleudert. **Die zwei und der Bruder des Mädchens waren sofort tot.** Der Opel-Arbeiter kam mit dem Notarztwagen ins Unfallkrankenhaus nach Tauberbischofsheim, wo er am Abend starb.

Todessturz vom Balkon – Partygäste sangen Halleluja!

kr. **Bremen,** 30. Oktober

Ein Bremer Schiffsoffizier gab eine Party. Es war fröhlich und laut und immer wieder wurde „La Paloma Blanca" gespielt. In der Wohnung darüber, im dritten Stock, ärgerte sich der Hausmeister über den Lärm so sehr, daß er sich über den Balkon beugte und eine Tomate an die Fenster der Ruhestörer warf. Dabei beugte er sich zu weit über — ein gellender Schrei. Der Hausmeister starb. In der Party-Wohnung sang man „Halleluja …"

Ex-Weltmeister hörte mit dem Boxen nicht auf: Da erschoß sich seine Frau

Krebsstab-Händler starb an Krebs

ahf. **Kassel, 14. Mai**

Der angeblich todsichere Heilstab gegen Krebs war ein 30 Zentimeter langer Aluminiumstab, gefüllt mit Sägemehl und einem Kupferdraht. 460 bis 600 Mark kassierte Alfred Schneider aus einem Ort bei Kassel für so ein Ding.

„Wenn Sie diesen Heilstab in Ihrer Wohnung haben, bekommen Sie keinen Krebs", versprach er. „Und wenn Sie doch Krebs kriegen, bekommen Sie Ihr Geld zurück."

Mindestens zehn solcher Heilstäbe hatte der 61jährige Vertreter schon verkauft, bis die Staatsanwaltschaft gegen ihn wegen fortgesetztem Betrug ermittelte. Jetzt sollte der Prozeß sein, doch Herr Schneider konnte nicht kommen: **Er ist vier Tage vorher gestorben — an Lungenkrebs.** Dabei hatte er in seiner Wohnung vier Heilstäbe …

Selbstmord mit Stecknadel

● Ungewöhnliche Tötungsart: Ein lebensmüder Arbeiter (28) schoß sich in Freudenstadt aus dem Lauf einer Gaspistole eine Stecknadel durch die Brust und durchs Herz. Der Mann, der auf einer Bank saß, verblutete langsam innerlich.

Überarbeitung: Arzt brachte sich mit Pfeilgift um

kajo. **Berlin,** 14. Juni

Ein Berliner Narkosearzt (35) hat sich mit einer Überdosis Curare umgebracht. Er spritzte sich das indianische Pfeilgift, mit dem Patienten bei schweren Operationen betäubt werden, in seinem Wohnzimmer in den rechten Unterarm. Seine Frau brachte gerade die beiden Kleinkinder ins Bett. Sie nannte als mutmaßliches Motiv Überarbeitung.

● Arzt im Streß: Vergiftet

„Du wirst dich nochmal tot arbeiten", warnten Freunde den englischen Assistenzarzt Dr. David Parker (25) in Manchester. Er machte bis zu 120 Stunden in der Woche Dienst. Nach zwei Monaten Ferien begann der Streß auf einer Unfallstation von vorn . . . Er vergiftete sich mit Autoabgasen.

Sexuell hörig: T
schnitt Freun

Von WILLY MACHAN, DIETER KLEIN
Teneriffa, 25. Januar
Für die Sekretärin Gisela E. aus Hamburg — eine erfahrene Frau von 39 — war der blonde Stephan Z. (22) aus Mannheim nur ein Urlaubsflirt.

● U-Bah

zerquetsc

Frau bei der Liebe erv

Dackel biß Jäger –tot

Iltis erschoß

he. Steinfurt (Münsterland), 4. August
Einen Rehbock wollte der Hobby-Jäger schießen, als er nachts um drei im Saerbeker Wald auf den Hochsitz kletterte. Aber dann kam ihm nur ein Iltis (Foto rechts) vor die Büchse. Der Jäger feuerte eine Ladung Schrot ab; der Iltis blieb liegen. Ob er

Teneriffa-Urlauber (22) din (39) Kehle durch

Aber für ihn war's die große Liebe, er gestand: „Ich war ihr sexuell hörig." Als sie abfliegen wollte, schnitt ihr der 17 Jahre jüngere Deutsche die Kehle durch — auf einer Bank mit Blick aufs Meer. Viele Urlauber sahen die Tat. Warum der junge Mann der Sekretärin verfallen war, **lesen Sie auf Seite 8.**

n-Rolltreppe

cht Fahrgäste

würgt – dann zersägt

3 Kreisrat

noch lebte? Vorsichtig pirschte sich der Jäger ran, tippte den Iltis mit dem Kolben seiner Doppelflinte an: Der Iltis fuhr hoch. Ein Schuß ging los – dem Jäger in die Brust. Praktisch hatte der Iltis den Jäger erschossen: einen 45jährigen Diplom-Handelslehrer, CDU-Kreisrat, Vater von fünf Kindern.

Herzschlag, als der Feuerteufel zuschlug

ml. **Sohren (Hunsrück),** 21. 5.

Ein unheimlicher Feuerteufel hat in Sohren ein Menschenleben auf dem Gewissen! Nachdem der Unbekannte das Feuer gelegt hatte — so die Polizei — brach der Landwirt Clemens Böhmer (69) beim Anblick seines brennenden Bauernhofes tot zusammen. Herzschlag! Die Polizei: Vor einigen Tagen war erst eine leerstehende Scheune in Brand gesteckt worden.

Arbeitsloser trank Gift, erhängte und erschoß sich

elü. **Hamburg, 28. Juli**

Ein dumpfer Knall, der Dachstuhl hob sich und krachte zusammen — in der gleichen Sekunde rannte der Mann, der gestern früh sein Haus in Hamburg-Harburg in die Luft gejagt hatte, in einen Gartenschuppen. Er trank Pflanzengift, legte sich eine Drahtschlinge um den Hals — und als sie sich zusammenzog, schoß er sich noch eine Kugel in den Kopf.

Der dreifache Selbstmörder ist ein arbeitsloser Kranführer (49) aus dem Hamburger Hafen. Motiv seiner Wahnsinnstat: Er hatte sich geärgert, weil seine Frau ohne ihn Urlaub im Sauerland machte.

Seine 19jährige Tochter und ihr Freund wurden von den Trümmern schwer verletzt.

Auch das Nachbarhaus wurde stark beschädigt, als der wahnsinnige Mann mit einem Zündkabel das ausströmende Propangas explodieren ließ.

St. Ingbert: Jäger mit Wildschwein verwechselt – tot

rb. **St. Ingbert, 24. Juli**

Es war stockdunkel, da hörte der pensionierte Forstwart Theodor Honnung ein Rascheln: Blitzschnell riß er das Gewehr an die Schulter und schoß! Es war ein Volltreffer: In den Bauch getroffen, wälzte sich der Feldhüter Josef Lauer (59) in seinem Blut. Er starb kurze Zeit später.

Zusammen mit einem Freund hatte sich der passionierte Jäger für die Nacht zum Mittwoch verabredet: Sie wollten in einem Haferfeld bei St. Ingbert Wildschweine schießen, die einige Tage vorher dort beobachtet worden waren.

Zur gleichen Zeit jedoch schlich Feldhüter Josef Lauer durchs Revier. Theodor Honnung: „Mein Gott, es war ein Unglücksschuß. Wir wußten nicht, daß der Jupp im Revier war. Er hat das bei uns nicht gemeldet."

Während der Feldhüter in einem Gebüsch an dem Haferfeld auf Niederwild lauerte, warteten die beiden anderen Jäger auf Wildschweine. Als sich Josef Lauer bewegte und Zweige knackten, schoß der Jäger sofort: der Schuß war tödlich.

BILD-Kommentar

Zwei Hobbys – ein Tod

Er fuhr und siegte und sah viele seiner Freunde sterben.

Mit 46 überließ Graham Hill die starken Rennwagen den Jungen.

Er fühlte sich zu alt, um zu siegen, aber zu jung, um schon zu sterben. Und er wollte auch Zeit für sein großes Hobby haben: die Sportfliegerei.

Das eigene Flugzeug war sein Traum.

An diesem Traum ist er nun gestorben.

Henry Geilfuß blätterte in einer Sex-Illustrierten – ein Rentner erstach ihn

rs. **Berlin, 25. Juli**

Interessiert blätterte Arbeiter Henry Geilfuß (25) in einer Sex-Illustrierten, die vor einem Haus in Berlin-Rudow auf der Mülltonne gelegen hatte.

Plötzlich stürzte der Rentner Ernst Ledebuhr (64) aus dem Haus: „Was machen Sie denn da an meiner Mülltonne?"

Es kam zu einer kleinen Rangelei. Plötzlich zog der Rentner ein Klappmesser und stach es Henry Geilfuß ins Herz: Er war sofort tot. „Der ist mir ins Messer gefallen", verteidigte sich der Rentner vor der Polzei. Henry Geilfuß hinterläßt zwei Kinder — zwei und fünf Jahre alt.

Lampenfieber: Junger Schauspieler vergiftete sich

Heinrich Brunner

Von J. H. SCHRÖDER **Wiesbaden, 9. September**

Ein junger Schauspieler hatte mehr Angst vor seiner ersten großen Theaterpremiere als vor dem Sterben!

Mitten in den Proben zu „Leonce und Lena" von Büchner rannte Heinrich Brunner (22) von der Bühne des Wiesbadener Staatstheaters, setzte sich in sein kleines gelbes Auto, fuhr in den Wald und vergiftete sich mit Auspuffgasen. Sein Vater, der Pfarrer Eugen Brunner (46) aus Zürich: „Er war verzweifelt. Er sagte mir noch drei Tage vorher, daß er jeden Morgen schweißgebadet aufwacht, vor Angst. Die Angst vor dem Versagen in seiner ersten großen Bühnenrolle."

(Fortsetzung letzte Seite)

Betrunkener vorm Schlüsselloch erfroren

Von GUNTER SCHWARZ

Starr lag Alois H. (30) auf den Stufen vor seiner Haustür in Schmidgade bei Amsberg. Das dunkelblonde Haar war von Rauhreif überzogen, mit der rechten Hand umklammerte er den Hausschlüssel. Der Maurer hatte nachts das Schlüsselloch nicht gefunden – und war bei zehn Grad Kälte erfroren.

Brief-Bombe zerfetzt Fluchthelfer-Boß

Kai Mierendorff holte 1000 Menschen rüber

Von GERD HERTLE und PETER BECK

Bad Tölz, 11. Februar

Der deutsche Fluchthelfer-Boß Kai Mierendorff (36) – er holte über 1000 Menschen rüber – ist in seiner Hotel-Pension „Marienhof" in Bad Tölz von einer Briefbombe zerfetzt worden. Als die Feuerwehr kam, lag er mit abgerissener linker Hand, mit abgetrennten Fingern der rechten Hand und aufgerissener Bauchdecke in einer Blutlache und röchelte: „Das war die Rache der ‚DDR'".

Vor den Augen der Polizei: Fabrikant erschoß sich mit seinem Jagdgewehr

ner **Groß-Gerau, 13. 3.**

Alles schien zu Ende: die Firma im Konkurs — die Ehe vor der Scheidung. Deshalb entschloß sich Fabrikant Wilhelm N. (56, Foto) aus Nauheim bei Groß-Gerau, Schluß zu machen.

Der Mann, der zum Beispiel die Rolltreppen und Hebebühnen für den Frankfurter Flughafen geliefert hat, rief Konkursrichter Bernhardt im Amtsgericht an: „Ich bringe mich um." Dann fuhr er mit seinem Mercedes 280 los.

Acht Stunden dauerte die Fahndung der Polizei nach dem Lebensmüden. Erst in einer Sackgasse in Groß-Gerau stellte sie den Verzweifelten: Die Türen des Autos waren verriegelt. Auf dem Fahrersitz fuchtelte Wilhelm N. mit seinem Kleinkalibergewehr.

Mit einem ungezielten Warnschuß durch die Scheibe wollte ein Polizist den Fabrikanten einschüchtern. Doch das Gegenteil war der Fall: N. setzte das Gewehr an die Schläfe und schoß — tot.

Seine Firma hatte einmal einen Jahresumsatz von 60 Millionen. N. besaß acht Patente. Aus Kuweit und Teheran hatte er zuletzt Aufträge für 8 Millionen Mark bekommen. Er hinterläßt eine 13jährige Tochter und einen zweieinhalbjährigen Sohn.

Zweijährige geriet in Häcksel-Maschine: tot

es./ma. **Passau,** 3. Oktober

Wie will dieser Mann damit bloß jemals fertigwerden ...

Landwirt Rosenberger aus einem Dorf bei Passau hatte sich schon immer ein Kind gewünscht, und dann kam endlich — nach 20jähriger Ehe! — die kleine Christine auf die Welt. Ein süßes Mädchen mit blonden Haaren und großen blauen Augen — gerade zwei Jahre alt.

Als Rosenberger jetzt mit einer Häckselmaschine Mais auf dem Feld erntete, sah er nicht, daß Christinchen zwischen den mannshohen Maisstauden spielte. Plötzlich ein Ruck — das schreckliche Unglück war geschehen. Christine war sofort tot. Das einzige, was der Vater von seinem Kind noch gesehen hat, war das linke Bein.

Jodler erhängte sich – er konnte nicht mehr jodeln

mo. **Mittenwald, 4. März**

Wo immer in der oberbayerischen Geigenstadt Mittenwald die Musi spielte, war der Wurner-Sepp (70) dabei. Im Karwendel-Chor sang er den zweiten Baß, am liebsten aber spielte er Zither und jodelte dazu — bis vor einem Jahr: Da bekam er Kehlkopfkrebs, Operation — aus!

Seitdem saß der Wurner-Sepp nur daheim in seiner Pension „Steinrösl". Nur flüsternd konnte er sich verständlich machen. Und jetzt eröffneten die Ärzte dem alten Mann: „Wir müssen noch einmal operieren."

Da wollte der Sepp nicht mehr leben. Im Keller seines Hauses erhängte er sich.

Ein Scherz und ein Verkehrsunfall

HILPOLTSTEIN, 28. Februar (AP). Ein Mann, der eben erst seinen Führerschein gemacht hatte, ist, wie am Samstag mitgeteilt wurde, mit seinem Personenwagen in der Nähe von Hilpoltstein (Mittelfranken) auf schneeglatter Straße ins Schleudern geraten und frontal gegen einen Baum geprallt. Zwei Mitfahrer kamen ums Leben, eine Mitfahrerin wurde verletzt. Der Fahrer des Wagens blieb unverletzt. Am Tage des Unfalls war in der Lokalzeitung von Hilpoltstein über den Führerscheinneuling eine scherzhaft gemeinte Kleinanzeige erschienen mit dem Text: „Achtung, Hilpoltsteiner! H. bekommt heute seinen Führerschein! Lebensgefahr!" Die Anzeige war vermutlich von den beiden ums Leben gekommenen Fahrzeug-Insassen aufgegeben worden.

Eine junge Mutter stürzt in den Tod

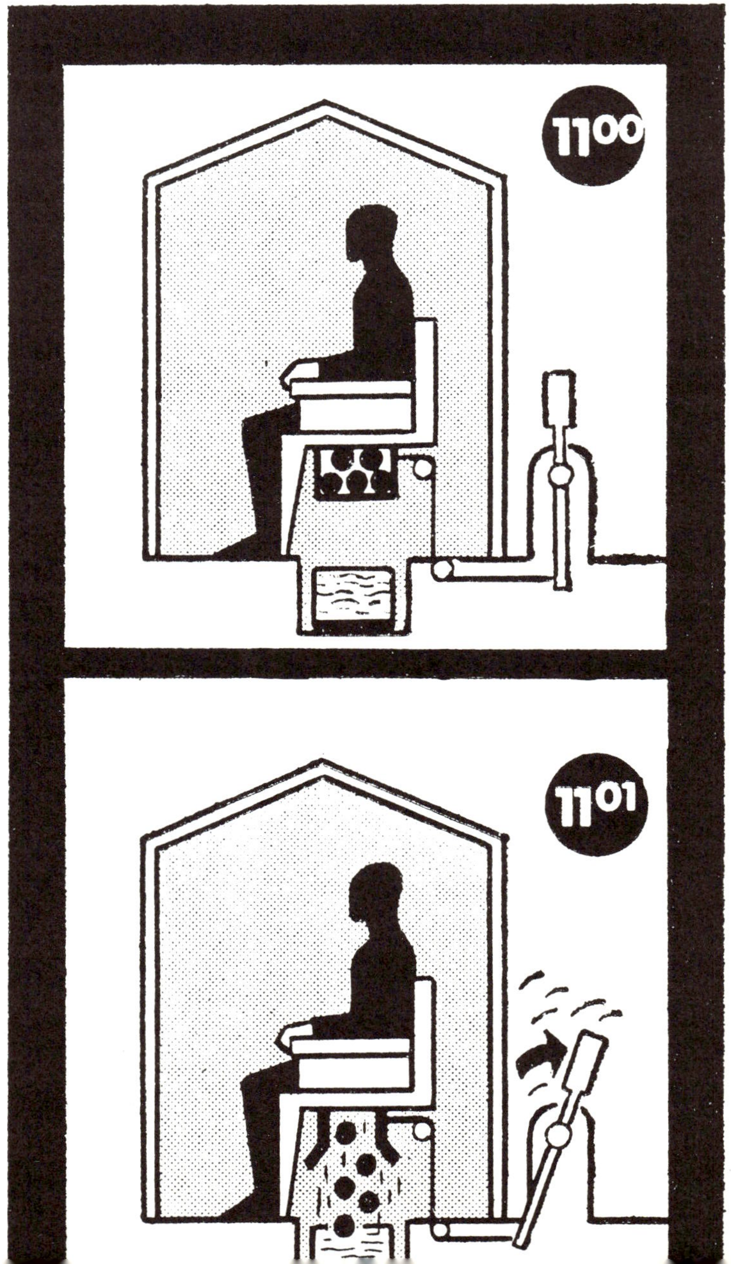

Eine Frau stürzte in den Tod. Ein Blumentopf, ein vor Hitze zerplatztes Fenster, davor hängt ein kleiner farbiger Junge und schreit vor Angst

● **Todesurteile wurden in der Gaskammer von San Quentin normalerweise freitags um 11 Uhr vollstreckt. Die Exekution lief in drei Phasen ab.**

11 Uhr: **Der Delinquent sitzt angeschnallt im Stuhl. Der Direktor gibt dem Scharfrichter ein Zeichen.**

11.01 Uhr: **Der Scharfrichter hat durch Hebeldruck die Klappe unter dem Stuhl geöffnet. Zyankalikugeln fallen in das Becken mit Wasser und schwefeliger Säure. Tödliche Giftdämpfe steigen auf. Das Opfer wird bewußtlos.**

11.04 Uhr: **Der Arzt hat durch ein mit der Außenwelt verbundenes Stethoskop auf der Brust des Verurteilten den Tod festgestellt.**

„Vampir gab mir Befehl“: Mann trank immer wieder Menschenblut

Brockton, 30. Oktober

Mit golden gefärbten Kugeln erschoß der Amerikaner James Riva (24) seine Großmutter Carmen Lopez (65). **Dann schnitt er ihre Halsschlagader auf und trank das Blut der Frau.**

„Ein 2000 Jahre alter Vampir hat mir den Befehl gegeben“, erklärte der kräftige, schwarzhaarige Mann jetzt vor Gericht. Bei der Verhandlung kam auch heraus: Seit seiner Kindheit ist James Riva blutgierig.

● Als Zehnjähriger tötete er Kleintiere und **saugte ihr Blut.**

● Später schlachtete er ein Pferd mit dem Stahlspeer eines Zaunes – **und trank.**

● Vor dem Mord an der Großmutter stieß er mit seinem Auto mit einem anderen Auto zusammen und **saugte das Blut des schwerverletzten Opfers.**

„Es hat mir Kraft gegeben“, behauptet er.

Als der Chor „Amen“ sang, starb der Sänger

tim. **Bietigheim (b. Rastatt), 10. Juli**

Am offenen Grab auf dem kleinen Friedhof von Bietigheim klang gestern abend aus 40 Männerkehlen noch einmal das „Vaterunser“. An diesem Lied war der zu Grabe getragene Sangesbruder Willi Herm gestorben.

Seit zehn Jahren sang Willi Herm im Gesangverein „Badenia“ den 1. Baß. Und zum 75jährigen Jubiläum des Konkurrenz-Vereins „Frohsinn“ sollte das „Vaterunser“ gesungen werden. Bei der Probe, zwei Tage vor dem großen Fest, hatte sich Willi Herm plötzlich ans Herz gegriffen, als gerade die Zeile „Dein Reich komme . . .“ gesungen wurde. Willi Herm, 50, etwas herzleidend, taumelte auf einen Stuhl. „Willi, schone dich“, rieten die Sangesbrüder, „sing am Sonntag lieber nicht mit.“

Doch Willi Herm stand am Sonntag im heißen Festzelt auf der Bühne und sang das „Vaterunser“. Und als die Stelle „Dein Reich komme . . .“ kam, griff sich Willi Herm wieder ans Herz und fiel um. Und als der Chor das „Amen“ sang, hörte Willi Herms Herz für immer auf zu schlagen.

Er hinterläßt Frau und zwei Söhne.

● Haß: Schüler erwürgte Stiefmutter

Blinder Haß – anders ist diese Tat nicht zu erklären: **Schüler Frank L. (15) erwürgte seine Stiefmutter Eveline (40) in der Diele des Reihenhauses in Uelzen.** Sein Vater, ein Kranführer (46), war mit dem Dackel spazieren. Seit acht Jahren gab's zwischen Eveline und dem Stiefsohn Spannungen. Sie schlug ihn – so auch Sonntagabend vor dem Fernseher: „Nimm deine Füße vom Sessel, ich bring' dich um!“ Das Fleischerbeil hatte sie schon in der Hand. Franks Vater Ingo riß es ihr aus der Hand, versteckte es. Stiefmutter Eveline meckerte weiter. Da packte Frank die schlanke, dunkelhaarige Frau am Hals, würgte sie – tot.

Weil die Kühltruhe falsch angeschlossen war

Ladentür unter Strom, ein Kind tot

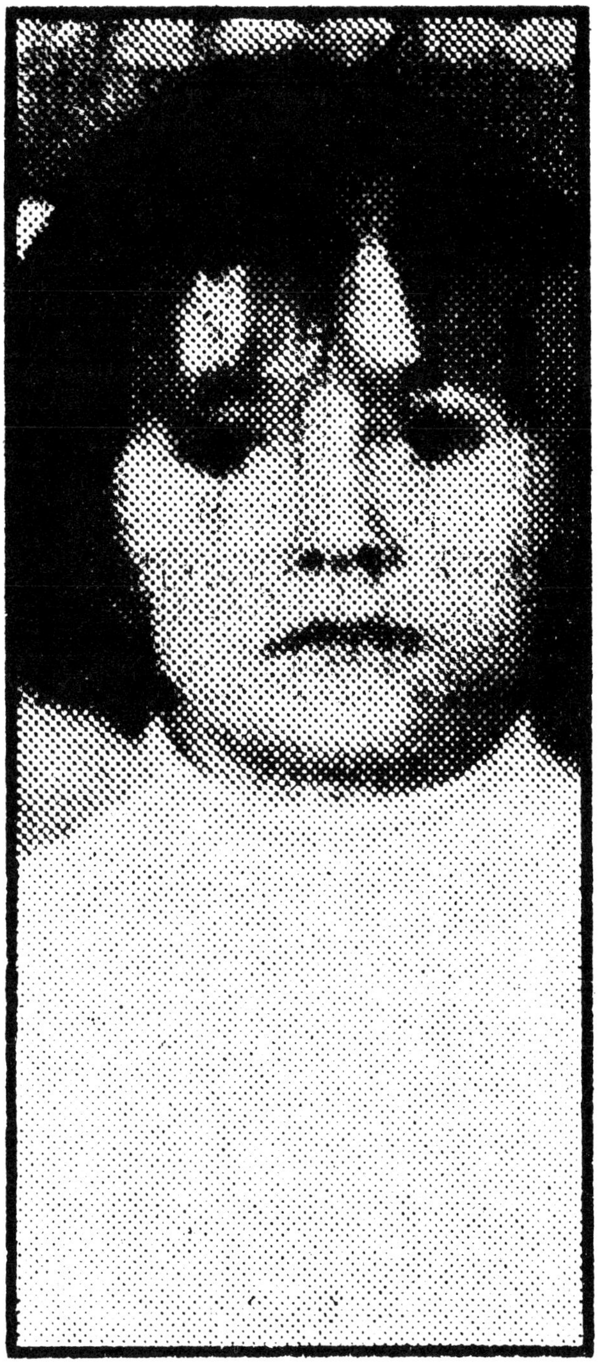

Die kleine Monika starb sofort nachdem sie die Ladenklinke angefaßt hatte

Fulda: Selbstmord aus Angst vor Krankheit

Von K. H. TWELE und W. TSCHARNKE

Fulda, 16. Dez.

Für den jungen Koch Wolfgang Schleichert (22) aus Fulda war der Selbstmord schon beschlossene Sache, als er vor elf Tagen sein erspartes Geld, 2000 Mark, vom Konto abhob und mit dem Zug nach München fuhr. Der Abschiedsbrief an seine Frau lag im Wohnzimmer unter der Tischdecke.

„Liebe Brigitte", hatte er geschrieben, „ich habe eine unheilbare Krankheit, deshalb habe ich beschlossen, mich umzubringen. Bitte suche mich nicht, ich werde Dich auch in meinen letzten Tagen nicht vergessen. Ich liebe Dich, lebe wohl."

Die „letzten Tage" verbrachte der Koch in München und Frankfurt — doch was er mit dem Geld gemacht hat, wird niemand mehr erfahren.

Als sich Wolfgang vor fünf Tagen bei Celle auf die Schienen legte, hatte er nur noch neun Pfennige in der Tasche.

Wolfgang, der sich wie alle Angehörigen des Gaststättengewerbes regelmäßiger Untersuchungen beim Gesundheitsamt unterziehen mußte, galt als „völlig gesund". Auch der Hausarzt wußte nichts von einem lebensgefährlichen Leiden.

Seine Ehefrau Brigitte: „Wir haben gut verdient. Zusammen etwa 3000 Mark. Gerade hatten wir eine hübsche Dreizimmerwohnung eingerichtet und bar bezahlt. Eines allerdings hat Wolfgang schwer belastet. Ich habe vor drei Monaten ein Kind verloren. Wolfgang hat furchtbar geweint. Aber von einer Krankheit hat er mir nie etwas gesagt."

Die Kripo Fulda: „Der junge Mann war sofort tot, als ihn der Zug überrollte."

Brautpaar Wolfgang und Brigitte Schleichert

Rätsel um den Freitod eines Wissenschaftlers

es. **Freising**, 14. Mai

In einer verwitterten Viehhütte bei Freising hat sich ein hochbegabter Wissenschaftler das Leben genommen: der Landwirtschaftsexperte Dr. Hans Ludwig R. (33), Akademischer Rat an der Technischen Universität Freising. Er trank mit Insektengift vermischten Rum und stach sich dann ein Stilett ins Herz!

Weder seine Frau (sie hat mit ihm zwei Kinder) noch sein Professor („er war ein As") können sich den rätselhaften Freitod erklären.

Bub erhängte sich beim Spielen

KONSTANZ. Ein vierzehnjähriger Bub hat sich am Samstag in der Nähe von Konstanz am Bodensee (BRD) beim Spielen erhängt. Er hatte versucht, sich mit seinem elfjährigen Bruder von einem Strohhaufen abzuseilen. Dabei verrutschte der Strick und strangulierte den Buben. Als der 75jährige Großvater vom Tod seines Enkels erfuhr, erlitt er einen Herzschlag.

Überfahren – wo die Schwester starb

Weil ihre Schwester (60) bei Cosenza tödlich überfahren wurde, kam eine 62jährige Italienerin aus Rom zur Beerdigung. Als sie an der Unglücksstelle vorbeiging, schleuderte ein Auto und fuhr sie tot.

Selbstmord in der Todeszelle

ap. **Kairo**, 7. August

Wenige Tage bevor er am Galgen sterben sollte, hat sich ein Ägypter in der Todeszelle des Gefängnisses von Kairo mit seiner Brille die Pulsadern aufgeschnitten. Er starb.

Wespen töten Schwammerlsucher

Nizza (dpa)

An Wespenstichen ist in Südfrankreich ein 32jähriger Schwammerlsucher gestorben. Er war plötzlich gestolpert und auf ein Wespennest gestürzt. Die aufgescheuchten Insekten fielen über ihn her. Ein Freund holte sofort Hilfe. Der 32jährige lag beim Eintreffer der Retter jedoch schon im Koma und starb wenig später.

18jähriger von Grabstein erschlagen

● Auf dem Friedhof bei Glasgow wurde ein 18jähriger von einem Grabstein erschlagen! Er wollte den Weg abkürzen — unter einem bogenförmigen Grabstein durch. Der stürzte um.

Das tragische Ende eines deutschen Kaufmanns

kr. **Hamburg**, 2. August

Auf einem einsamen Parkplatz in Tirol bereitete ein Hamburger Kaufmann alles für seinen Tod vor. Er verklebte die Fenster seines Sportwagens, leitete mit einem Stück Gartenschlauch Auspuffgase ins Innere und dann sprach er auf Tonband seine Abschiedsworte an Frau und Kinder: „Verzeiht mir, ich bin finanziell am Ende ... ich möchte eigentlich noch gar nicht sterben. . ." Er war 30.

Über London: Ein Russe im Jet erschossen

sad. **London**, 4. Sept.

Die 102 Passagiere einer sowjetischen Düsenmaschine schreckten zusammen: Kurz vor der Zwischenlandung in London krachte ein Schuß. Der Navigator der „Iljuschin 62" hatte sich erschossen. Während Scotland Yard von Selbstmord spricht, meinen Geheimdienstkreise: ein sowjetischer Agent habe den Mann erschossen.

Nach der Massage: Rentner faßte sich ans Herz – tot

rb. **Frankfurt**, 1. Dezember

Die Entspannungs-Massage (15 Minuten für 40 Mark) hatte den 68jährigen Rentner dann doch zu sehr erregt: Er wankte im Frankfurter Vergnügungsviertel mittags auf die Straße, griff sich ans Herz und fiel tot um — Infarkt. Die Liebesdame, eine grellgeschminkte Blondine mit schwarzen Lackstiefeln, gab bei der Polizei zu Protokoll: „Er hatte mich noch gebeten, vorsichtig mit ihm zu sein, weil er vor zwei Monaten einen Herzinfarkt hatte."

Herzinfarkt aus Angst vor Kindern

gm. **Bielefeld**, 28. August

Aus Angst, von drei Jugendlichen erschossen zu werden, ist der Bielefelder Fahrrad-Fabrikant Gustav Schütte (66) in eine Tannenschonung geflüchtet und mit einem Herzinfarkt tot zusammengebrochen. „Wir haben nur so aus Spaß mit dem Luftgewehr auf den Mann gezielt", behauptete einer der Schützen, ein 13jähriger Schüler.

„Glaube mir oder ich schieße" — er schoß . . .

rb. **Gießen**, 19. Juli

Auf der Terrasse einer Jagdhütte im Kreis Gießen herrschte gereizte Stimmung. „Wenn du mir nicht glaubst, dann schieß' mir doch ein Ohr ab", schrie der Jagdaufseher (70) den Jagdpächter (49) an. Der schoß — und traf den alten Mann tödlich ins rechte Auge. Der Schütze wurde wegen Totschlags verhaftet.

Witwe starb — es war ihr zu laut

dpa. **Rio de Janeiro**, 22. März

Der erste Mensch, der durch Lärm starb, ist eine 64jährige Witwe aus Rio de Janeiro: Tausende von Autos donnerten Tag für Tag an ihrer Wohnung vorbei. Und nachts feierte eine Sekte im Tempel nebenan laute „Gottesdienste". „Diesen Krach hielt ihr Organismus einfach nicht mehr aus", sagte ein Arzt in Rio, der die Todesursache untersuchte.

Arbeiter fiel auf Förderband und wurde elendig erdrückt

STEYR (OÖN-stö). Ein gräßlicher Arbeitsunfall, bei dem der Sandauszieher Ewald Freyschlag (55) aus Steyr getötet wurde, ereignete sich Mittwoch abend im Gußwerk I der Steyr-Werke. Freyschlag, der seit sieben Jahren in der Sandaufbereitungsanlage tätig ist, arbeitete um 21.45 Uhr alleine auf dem Steg neben einem Förderband, als er auf das laufende Band stürzte und von diesem unter einen Sandabstreifpflug gedrückt wurde.

Ein Toter – weil vier Angler nichts gefangen hatten

Ihren Kummer ertränkten sie in Bier – einer wurde überfahren

Von JOACHIM GLOMM

Homberg (Niederrh.), 18. Oktober

Man muß wahrscheinlich selbst Angler sein, um begreifen zu können, wie stocksauer und wütend die vier Männer **des Hochsee-Angelklubs Homberg waren. Ohne einen** einzigen Fisch waren sie zurückgekommen.

Und dabei waren sie extra nach Ostende gefahren und hatten sich einen kleinen Kutter gemietet. Doch dann kam der Sturm. Sie mußten zurück.

Und in der Hafenkneipe von Ostende ertränkten sie ihren Kummer mit viel Bier und viel Korn.

Einer der vier hat diesen Angelausflug nicht überlebt. Es ist ein 43jähriger Gastwirt. Auf der Rückfahrt im VW-Transporter bekam er plötzlich einen Tobsuchtsanfall über den mißglückten Tag.

Sein Freund, der Präsident des Hochsee-Angelklubs, berichtet: „Er schrie plötzlich: ‚Ihr Schweine, ich **bringe euch** um', und **dann warf er mit Bierflaschen** und schlug auch auf mich ein."

Immer wieder versuchten **die Freunde,** ihn zu beruhigen — schließlich **setzten** sie ihn an die frische Luft.

Der Mann **torkelte durch die Dunkelheit — ein Autofahrer sah ihn zu spät. Er** fuhr ihn tot.

Jetzt ermittelt der **Staatsanwalt wegen „Aussetzung** mit **Todesfolge" gegen die** Klubfreunde.

Baronin Barbara kroch hinter einem Rebhuhn her und starb im Gebüsch

Tragischer Jagdunfall im Schloßpark

Von B. WITTMANN

Oberzwieselau (Bayerischer Wald), 24. 11.

Die schöne **HERRIN** auf Schloß Oberzwieselau griff nach ihrem Schrotgewehr: „Ich geh' nochmal los — das Rebhuhn suchen. Ich muß es finden; es erfriert mir ja sonst . . .“

Die Suche nach dem Rebhuhn, das aus dem Käfig entwischt war und irgendwo im Schnee herumirrte, nahm am Freitag für Baronin Barbara von Wolffersdorff (42) ein tödliches Ende: Als sie gebückt durch ein kleines Tannenwäldchen ging, rutschte sie aus, ein Schuß löste sich — die Schrotladung traf sie in den Hals.

Erst nachts — bei einer großen Suchaktion der Polizei — fand Baron von Wolffersdorff im Schein einer Taschenlampe seine tote Frau: das Gesicht im Schnee, die rechte Hand um das Schrotgewehr verkrampft.

Das tragische Jagdunglück riß ein glückliches Paar auseinander, das sich vor 16 Jahren bei einem Jagdausflug kennengelernt hatte: Joachim von Wolffersdorff, Diplom-Forstwirt, Herr auf Schloß „Oberzwieselau“ mit 20 Bediensteten und 1600 Hektar Grund (meist Wald), und die elegante, charmante Gräfin Barbara, Nichte des Präsidenten des Bayerischen Senats.

Die Baronin war eine leidenschaftliche Jägerin. Im Schloß hängen viele ihrer Trophäen: Reh- und Hirschgeweihe, ausgestopfte Fasane, Auerhähne und Rebhühner.

Der Baron ist völlig gebrochen. Er umarmte seine drei Töchter Katharina (15), Benedikta (14) und Juliana (10), die in einer Klosterschule erzogen werden: „Wir dürfen nicht weinen. Mutti hätte das bestimmt nicht gewollt . . .“

Schloß Oberzwieselau im Bayerischen Wald: ein mächtiger Barockbau mit 30 Räumen, herrlich gelegen in einem großen Park.

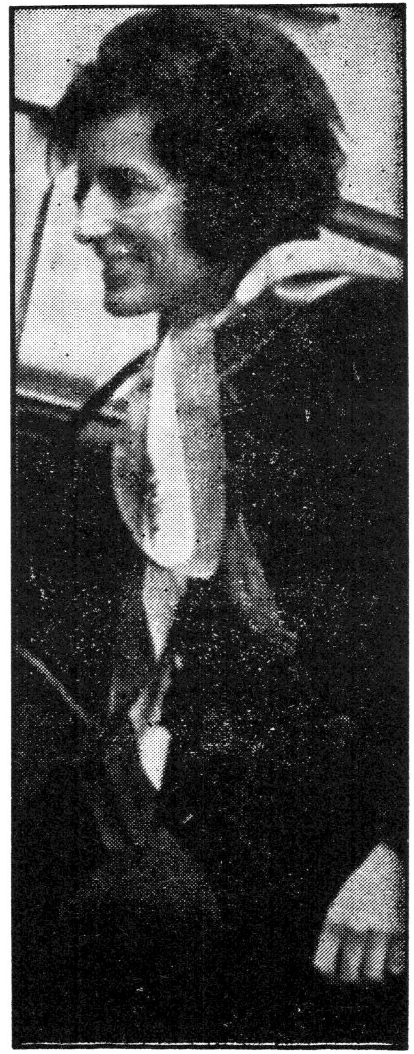

Baronin Barbara von Wolffersdorff wird auf dem Friedhof von Unterzwieselau begraben — ganz in der Nähe des Schlosses. „Da kann ich meine geliebte Barbara jeden Tag besuchen“, sagt der Baron.

Werner F. traf der Blitz.

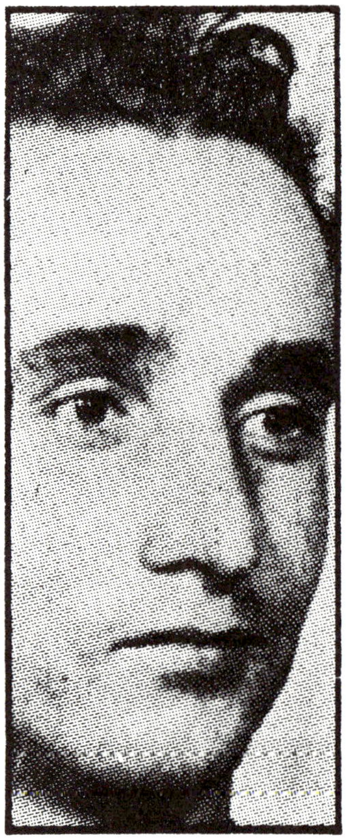

ERHÄNGTE SICH: Mörder Helmut Kreitmeier.

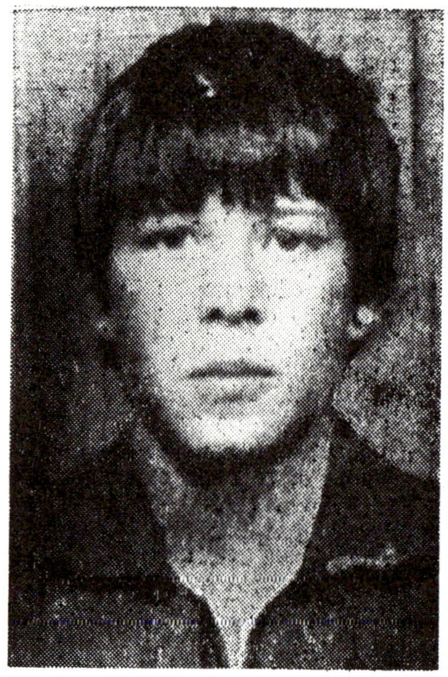

EINE HÄNSELEI kostete den 13jährigen Alexander Stutz aus Wien-Brigittenau das Leben.

In diesem Swimming-pool verunglückte der fünfjährige Patrick.

ÜBER DEN WASSERFALL (Pfeil) stürzte Achmed Eksi (5) in die Tiefe.

AUS DIESEM HAUS stürzten sich bereits fünf Menschen in den Tod.

Helgoland: Todessprung vom Felsen!

An dieser Stelle (gestrichelte Linie) stürzte sich die Hamburgerin vom Felsen auf die Uferbefestigung. Sie war sofort tot

Lift weg – 16 Stockwerke gestürzt

Margaret Joseph (67) drückte auf den Liftknopf. Als sich durch einen Fehler die Tür öffnete, ging die schwer sehbehinderte Frau los – und fiel 16 Stockwerke tief. Sie war auf der Stelle tot.

Michael H. (25) hatte keine Chance als er vom Balkon rutschte. Kopfüber stürzte er auf das harte Betonpflaster. Der Notarzt stellte fest: „Michael muß sofort tot gewesen sein."

Betrunken! Dachdecker Michael stürzte aus dem 13. Stock

mn. **Hanau, 11. Dezember**

Die querschnittsgelähmte Frau hörte die Hilfeschreie von Gabi, der Braut ihres Neffen. So schnell sie konnte, fuhr sie mit dem Rollstuhl auf den Balkon. Ihr Neffe Michael H. (25) hing an der Balkonbrüstung, rutschte immer weiter ab.

Beide Frauen krallten ihre Hände in Michaels Arme. Plötzlich ein Ruck - die Frauen hielten nur noch den Pullover in der Hand. Der 25jährige war abgestürzt. 13 Stockwerke, 35 Meter tief, aufs Pflaster vor dem Hochhaus in Hanau.

Michael hatte auf dem Balkon seiner Wohnung in der August-Schärttner-Straße 17 die Balance verloren.

Dabei war er das Klettern in luftiger Höhe gewohnt, er war Dachdecker.

Sein Vater: „Es war der Alkohol. Mein Sohn hatte vorher mit Kollegen getrunken. Ihm war schlecht, als er nach Hause kam. Auf dem Balkon wollte er frische Luft schnappen. Da muß er wohl das Gleichgewicht verloren haben."

Sprang in den Tod: Helene Baumgart (62)

Tochter aus dem neunten Stock geworfen

dpa. **Paris**, 26. 2. Aus dem neunten Stock eines Hochhauses in Bar-le-Duc (Ostfrankreich) hat ein sechsfacher Familienvater (31) sein fünfjähriges Töchterchen geschleudert. Er hatte Krach mit seiner Frau. Wegen Kindesmords wurde er zu zwölf Jahren Zuchthaus verurteilt.

Unter dem weißen Tuch (Pfeil) liegt Helene Baumgart – tot. Nachbarn schauen von den Balkons, die Männer vom Rettungswagen können nicht mehr helfen.

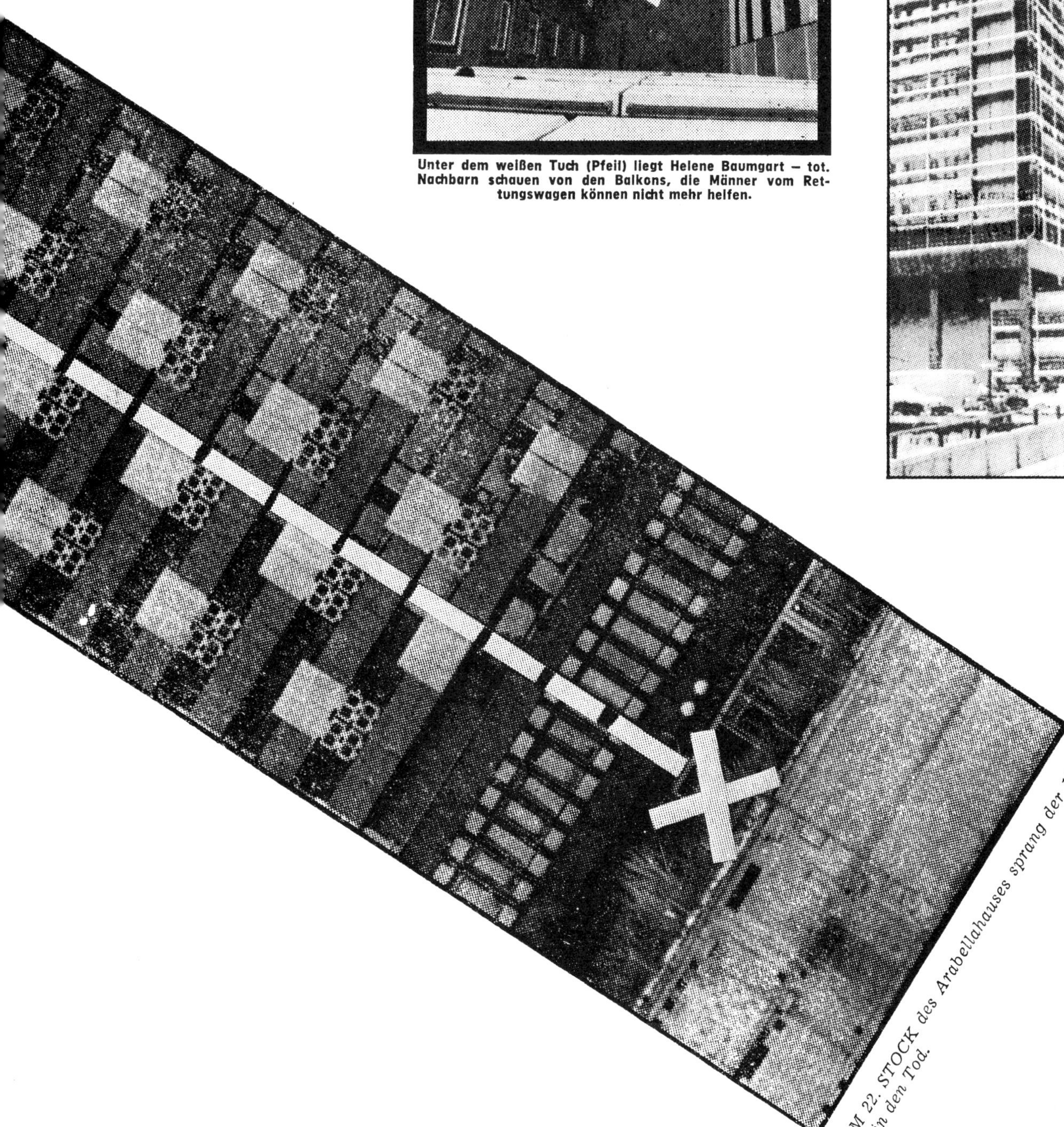

VOM 22. STOCK des Arabellahauses sprang der 17jährige in den Tod.

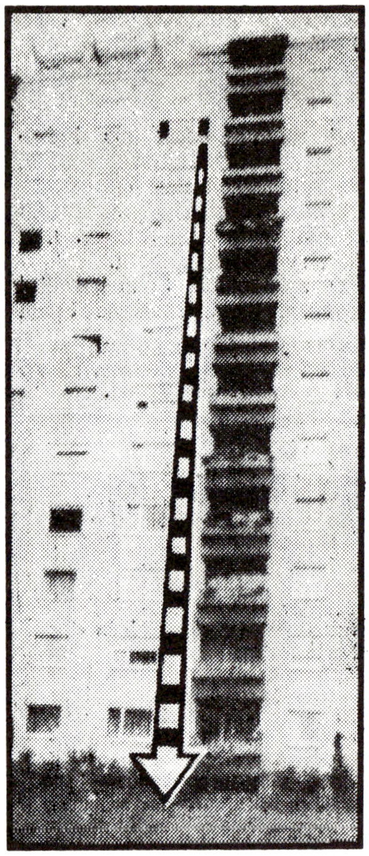

AUS DEM FLURFENSTER im 11. Stock stürzte sich die Sekretärin in den Tod.

DIESE BLUTIGE SPUR zog sich gestern durch die Innenstadt.

VOM GIEBELFENSTER (Kreuz) sprang Gerhard W. in den Tod.

NAHM SICH DAS LEBEN: Lehrling Gerhard W. (16).

AUS DIESEM KLINIKFENSTER (Kreuz) sprang Erich T. (33) in den Tod.

Ehefrau erwürgt, während Heintjes Platte lief

„Er baut ein Schloß – du nicht mal ein Haus"

Von KONRAD FÄRBER

Ingolstadt (Bayern), 14. Mai

Dreimal spielte eine Ehefrau die Heintje-Platte „Ich bau dir ein Schloß" ab. Dann warf sie ihrem Mann vor: „Du als Maurer hast es nicht einmal zu einem eigenen Häuschen gebracht — geschweige denn zu einem Schloß!" In seiner Wut brachte der Ehemann seine Frau um.

Sieben Jahre lang war die Ehe zwischen dem Maurer Karl P. (29) aus Ingolstadt und seiner Ehefrau Inge (27) gutgegangen. Obwohl Inge P. die die Realschule geschafft hatte, ihrem Mann immer wieder vorwarf: „Du bist ein ungehobelter Kerl. Hätte ich dich doch niemals geheiratet!"

Die Polizei: „Bei solchen Vorwürfen riß dem Maurer häufig der Geduldsfaden. Dann ohrfeigte er seine Frau."

Schließlich ging Inge P. zu einem Scheidungsanwalt. Als Karl P. am nächsten Nachmittag nach Hause kam, saß seine Ehefrau in ihrem Sonntagskleid im Wohnzimmer. Sie hörte sich Heintjes Erfolgsschlager „Ich bau dir ein Schloß" an.

Stellte sich der Polizei: Karl P.

Der Ehemann später zur Polizei: Dabei machte sie spitze Bemerkungen. Sie warf mir vor, ich hätte ihr vor der Heirat auch alles versprochen.

Die Polizei: Nachdem die Frau auch noch mit dem Heintje-Schloß und dem Eigenheim gespottet hatte, muß der Maurer rot gesehen haben. Nach seinen Schilderungen hat er seine Ehefrau zu Boden gerissen und gewürgt. Als sie leblos in seinen Armen lag, will er sie noch geküßt haben. Der Maurer alarmierte selbst die Polizei.

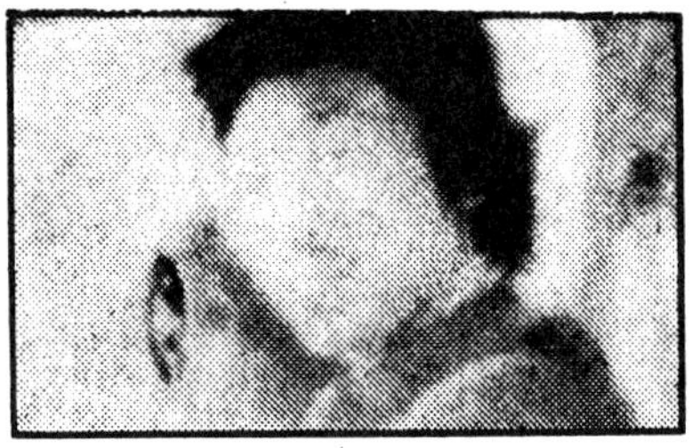

Kamikadse-Flieger Misuyasu Maeno

Kamikaz

Sturzflug auf

Bub spielte Cowboy: erhängt

● Ein Landwirts-Sohn aus Bebenhausen (Allgäu) spielte Cowboy: Er warf ein Seil über einen Balken, legte den Kopf in die Schlinge, rutschte ab – tot.

20 Sc

durchsiebt

tim./sl. **Reutlingen,** 12. April Mord im Raketen-Lager: Ruhig lehnte sich der Bundeswehrsoldat gegen den Wachtturm. Plötzlich riß er sein Schnellfeuergewehr hoch. Dann schoß er blindlings auf seinen Vorgesetzten. Von 20 Kugeln in Brust und Bauch getroffen, wurde Unteroffizier Martin Wels drei Meter durch die Luft geschleudert. Er w sofort tot.

! Filmstar im Millionärsvilla

uß! Gefreiter nteroffizier

geschehen am Samstag bei der Wachsung in einem Kiefernwald neben der rne von Großengstingen.

Starr vor Entsetzen erlebten 15 Soldaten die Tat mit; dann stürzten sie sich auf den Obergefreiten Wilhelm Ott (22): In zwei Sekunden hatte er das ganze Magazin auf den verhaßten Vorgesetzten abgefeuert, der ihn kurz zuvor zusammengestaucht hatte. **(Weiter S. 10)**

Autobahn Köln

Todesfahrt nach Scheidungstermin

Selbstmord vor Augen der Frau!

Von KLAUS KLEINÖDER

exp **B o n n — Vor den Augen seiner Frau beging der 34jährige Inhaber eines Ingenieurbüros auf der Autobahn nach Köln Selbstmord. Er kam von einem Sühnetermin vor dem Bonner Amtsgericht, wo er seine Ehe noch in letzter Minute retten wollte. Doch die 32jährige ließ sich nicht umstimmen. Getrennt fuhr man anschließend nach Hause. Bei Meckenheim überholte er sie und winkte ihr zum Abschied noch einmal zu. Seine Frau mußte dann mitansehen, wie der 34jährige seinen Wagen auf eine Brücke zusteuerte und gegen einen Betonpfeiler raste. Der Ingenieur war auf der Stelle tot.**

(Weiter auf Seite 16)

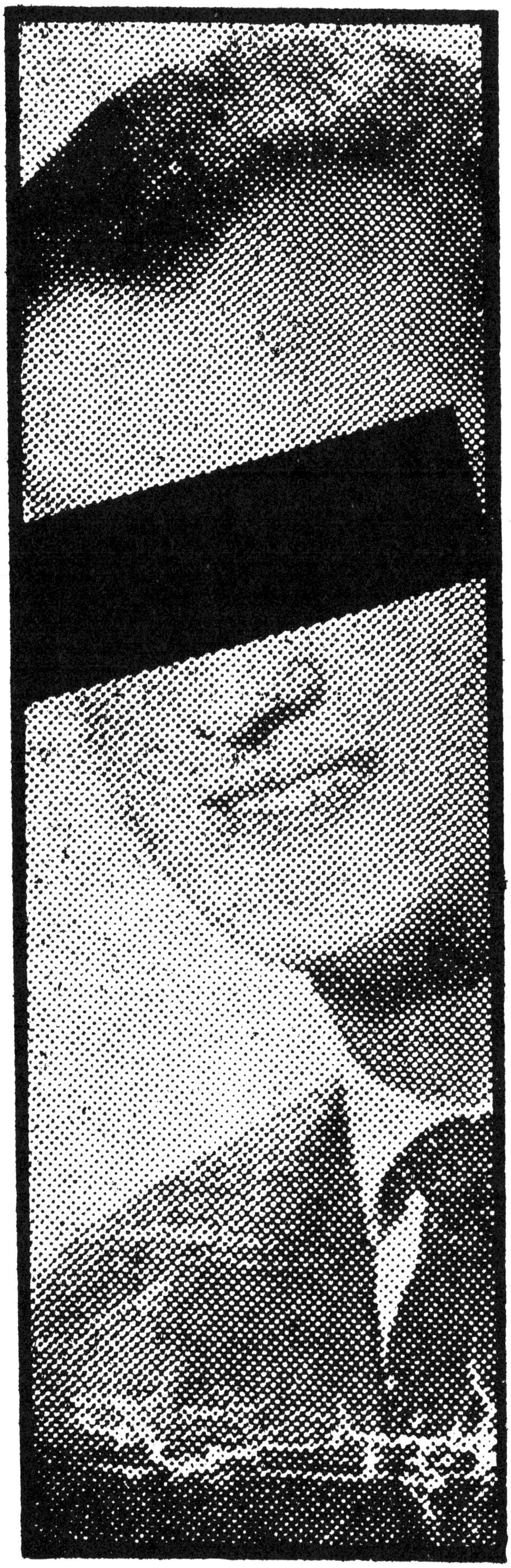

War auf der Stelle tot Ingenieur Frans W. (34)

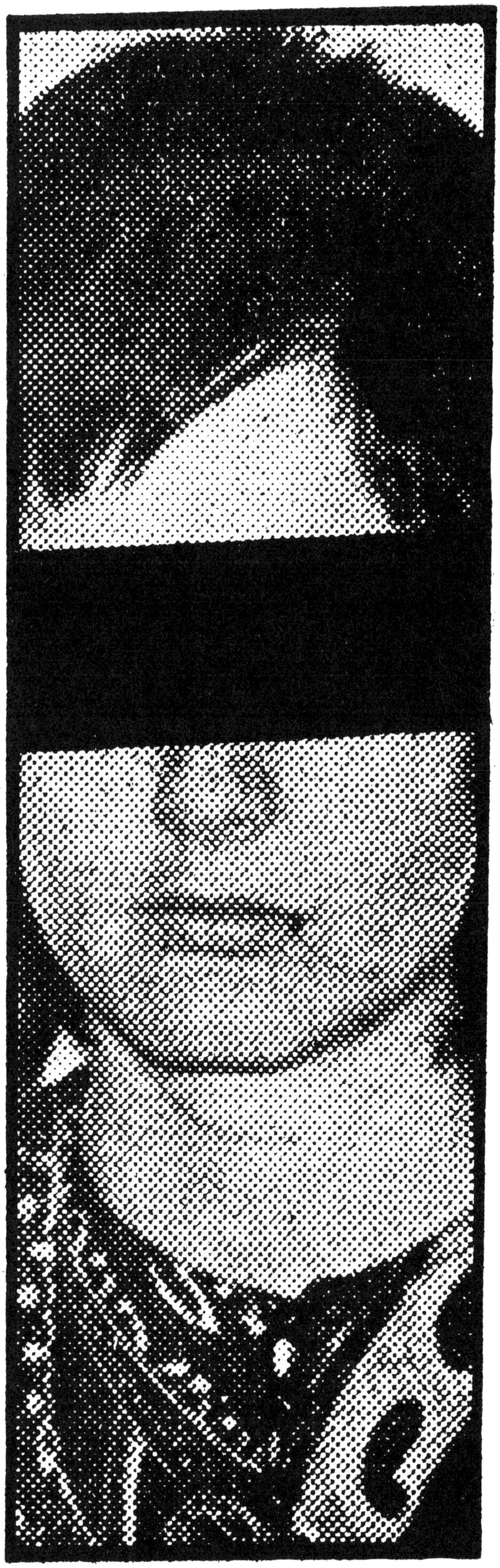

Sah den tödlichen Unfall ihres Mannes: Karin W. (32)

Krankenschwester nahm sich mit einem „Tropf“ das Leben

Ihr jüngerer Freund hatte sie verlassen

Berlin, 3. September BZ

Ungewöhnlicher Selbstmord einer Krankenschwester. In ihrem Ein-Zimmer-Appartement im Schwesternwohnheim Karl-Fischer-Weg 2 in Steglitz schloß sich die 34jährige Hannelore Peschel an einen „Tropf“ an.

Vorher hatte sie der Infusionslösung tödlich wirkende Medikamente zugesetzt. Außerdem hatte sie noch Schlaftabletten eingenommen.

Entdeckt wurde der Selbstmord von einem Beamten des Fernsprech-Störungsdienstes.

Im Vermittlungsamt hatte man durch einen technischen Defekt festgestellt, daß in der Wohnung der jungen Frau der Telefonhörer nicht aufgelegt worden war.

Als Feuerwehrmänner wenig später die Wohnungstür öffneten, fand man die Tote. In ihrer verkrampften Hand der Hörer.

Offensichtlich hatte Hannelore Peschel versucht — die tödliche Flüssigkeit tropfte bereits in ihre Blutbahn — ein letztesmal ihren Freund zu sprechen, der sie verlassen hatte.

Die von ihren Kolleginnen als sehr sensibel geschilderte Schwester hatte es nicht verwinden können, daß sich ihr mehrere Jahre jüngerer Freund von ihr trennte.

In einem ausführlichen Brief an ihn schrieb sie, daß sie deshalb aus dem Leben scheiden wolle.

Hannelore Peschel hängte die tödliche Tropfflasche an den Schrank und führte die Kanüle in die Armvene

Freundin küßte einen andern – Selbstmord

Millionärssohn erschoß sich aus Liebeskummer

Von Max Moosbauer und Franz Gauß

München – Der Mann mit dem Vollbart im schneeweißen Alfa Romeo zuckte zusammen: Kaum 50 Meter entfernt traten aus einem Lokal zwei junge Menschen, sie lachten fröhlich und hatten sich untergehakt. Im fahlen Licht einer Neonleuchte erkannte der Mann im Sportwagen das Mädchen, das so herzlich lachte – es war seine Freundin. Sekunden später krachte ein Schuß – blutüberströmt sank der Mann auf das Lenkrad, mit einem Herzschuß, tot!

EIN GLÜCKLICHES PAAR waren Baron Timm von S. und Hanni T. — bis die Liebe zerbrach.

Geheimnisvoller blonder Mann verbrannte sich auf St. Pauli - und 20 Mädchen sahen zu

Die Ärzte können dem Selbstmörder nicht mehr helfen. Ein Feuerwehrmann löscht den Benzinkanister

Wo die Dirnen stehen, übergoß er sich mit Benzin

Hamburg, 11. Oktober

Es war ein häßlicher Platz zum Sterben: Die St.-Pauli-Hafenstraße in Hamburg, abschüssig zur Elbe hin, wo die Dirnen stehen; neben einem Bretterverschlag, einem alten Kran und verrosteten Schiffsstegen am Fuß einer Treppe.

Im Fernsehen lief gerade die Tagesschau. Der Schüler Andreas Groth (13) sah die etwa vier Meter hohe Fackel zuerst: Ein brennender Mann taumelte fünf, sechs Schritte, fiel, wälzte sich auf dem Asphalt, krümmte sich, schrie. Die Augenzeugin Thea Groth (41): „Er schrie noch einmal." Dann war er tot. 20 Mädchen sahen zu.

Die Polizei rekonstruierte: Der Mann hatte sich mit etwa fünf Litern Benzin (aus einem Kanister Marke Hunersdorff) übergossen und mit einem silbernen Wegwerf-Feuerzeug angezündet. Mehr weiß sie bis heute nicht.

Einzige Anhaltspunkte: Der Feuertote war 1,65 Meter groß, 124 Pfund schwer, hatte blonde Haare, trug eine Kunstlederjacke mit den Initialen „SM", einen roten Gürtel, rote Socken und Wildledersandalen.

Warum sich dieser Mensch selbst angezündet hat, kann sich die Hamburger Psychologin Dorothea Ahlers nur so erklären: „Er wollte die Welt auf sich und seine ungelösten Konflikte aufmerksam machen."

Nut, die Welt kennt nicht einmal seinen Namen.

Berlin: Schreckliche Verzweiflungstat im „Todeshaus"

Mann (60) zündete sich an 3 starben in den Flammen

wz Berlin. — Bei seiner Einweihung galt es als Musterbeispiel modernster Architektur — seit gestern wird Berlins größtes Wohnhaus nur noch als „makabres Todeshaus" gefürchtet: das 17geschossige Corbusier-Haus neben dem Berliner Olympiastadion. Nachdem sich erst vor einigen Wochen drei nervenkranke Frauen dort gemeinsam in den Tod gestürzt hatten (die AN berichtete), forderte gestern die Verzweiflungstat eines Hausbewohners drei Todesopfer.

● Das Corbusier-Haus.

Von A. REUTER u. M. MOOSBAUER

Garmisch, 29. Dezember

Eigentlich hatte die alte Dame alles, um glücklich zu sein: ein Bankkonto mit weit über einer Million Mark, mehrere Villen und viel, viel Zeit, um ihren Reichtum zu genießen ...

Trotz allem hat sich die 62jährige Anita S. jetzt das Leben genommen: In ihrer eleganten Wohnung im „Haus Sonnenhang" in Garmisch nahm sie Schlaftabletten. Neben der Toten im marmorverkleideten Badezimmer lag der Abschiedsbrief: Ich will nicht länger allein und einsam bleiben. Ich sehe keinen Sinn mehr im Leben ...

Ein erschütternder Beweis, daß ein Leben in Luxus sehr unglücklich machen kann.

Lesen Sie bitte weiter auf der letzten Seite.

Einsamkeit! Deutsche Millionärin nahm Gift

Hund erschießt deutschen Millionär

Millionär vergiftete sich und seine Frau

Mary Selznick war immer einsam

Tochter des Filmkönigs sprang vom 22. Stock

f. h. **Los Angeles, 26. Mai**

Es war ein eindrucksvoller Selbstmord — wie aus dem Drehbuch: Mary Selznick, die 22jährige Tochter des Filmkönigs von Hollywood, schlich sich aufs Dach eines Geschäftshauses am Sunset Boulevard und ließ sich fallen. 22 Stockwerke tiefer schlug ihr Körper auf einem betonierten Parkplatz auf.

Dieses Glück täuscht: Die kleine Mary (3) wurde von ihren Eltern Jennifer Jones und Filmzar Selznick viel zu oft allein gelassen — jetzt, als 22jährige sprang sie in den Tod.

Stromschlag – Sohn des deutschen Teppich-Königs starb in der Badewanne

Zwei Brüder spielten beim Baden mit einem Fön — einer ließ ihn ins Wasser fallen

Joby, der Zigeuner, ist Analphabet: „Aber ich kann bis zehn zählen."

Fabrikan

erschoß

Liebe zu einem

Mercedes-Dire

Tod: Auf ei

Deutscher Chefarzt in der Adria ertrunken

Es geschah auf der Mosel

Von JÜRGEN GEHRKE

Bernkastel (Mosel), 12. Juli

KURZ VOR DEM ABFLUG nach Deutschland hat man die Frau des Mercedes-Direktors noch anrufen können und ihr gesagt, was passiert ist . . .

Statt in fröhlich-bunten Feriensachen wird sie heute mit ihren vier kleinen Kindern in Trauerkleidung aus dem Flugzeug steigen.

Ihr Mann, der Mercedes-Produktionsdirektor in Djakarta, der 40jährige Dipl.-Ing. Eckehard Kammerzell, ist in den Tod gerast — **auf einem Wasserski.**

Es passierte auf der Mosel.

tentochter sich – aus Zigeunerjungen

Lyn Darley (17) tötete sich mit einer Garbe aus 300 Schrotkörnern.

ktor raste in den nem Wasserski

Der Anlegesteg brach dem Manager das Genick

Eckehard Kammerzell, zuständig für die Produktion von Mercedesbussen, -Lkw und -Pkw für Südostasien hatte Europa-Urlaub.

Sportlich und durchtrainiert

Während seine Frau mit den Kindern erst mal zu den Eltern nach Schweden fuhr, traf sich Eckehard Kammerzell mit einem alten Freund an der Mosel.

Der Mercedes-Direktor, ein großer, sportlich durchtrainierter Managertyp, wollte unbedingt Wasserski laufen. Sein Freund steuerte das schnelle, weiß-grüne Motorboot Jonny Walker". Kammerzell ließ sich an der 20 Meter langen Leine auf Skiern über das grau-braune Wasser ziehen. Er ist ein guter Wasserskifahrer.

In voller Fahrt schleuderte er mit dem linken Fuß einen Skier weg und lief auf einem Ski weiter. Dann ließ er das Zugseil los, um mit einem eleganten Schwung am Ufer zu landen.

Er versank im Fluß

Kammerzell in dunkelblauer Badehose hatte noch eine irre Fahrt drauf, als er auf einen Anlegesteg zuraste, der 50 Zentimeter aus dem Wasser ragte. Er schlug auf, brach sich das Genick und versank im Wasser.

Taucher holten die Leiche aus drei Meter Tiefe.

Der Weiße Hai wurde grausame Wirklichkeit

Abenteurer David Fisse auf der Jagd nach dem Ungeheuer: „Die Devise heißt er oder ich"

Filmbild aus „Der Weiße Hai": „Exakt an seine

Wie im Film „Der Weiße Hai" versetzt derzeit ein Mörderfisch die Bevölkerung der kalifornischen Küste in Panik. Einen Windsurfer hat er bereits umgebracht. Beim Baden besteht akute Lebensgefahr.

Millionen haben im Kino den amerikanischen Schocker „Der Weiße Hai" gesehen, der teilweise vor der kalifornischen Pazifikküste gedreht worden ist. Jetzt ist an seinem Drehort dieser Streifen grausame Wirklichkeit geworden:

Ein riesiger weißer Mörderhai versetzt die Bevölkerung an der 600 km langen Küste zwischen Los Angeles und San Francisco in Angst und Schrekken.

„Es ist der größte Hai, den es jemals in amerikanischen Gewässern gegeben hat", erklärte John McCuster, der Direktor des Meeresaquariums von San Francisco. Nur 100 m vom Strand des Badeortes Monterey, auf einer idyllischen Halbinsel südlich von San Francisco gelegen, hat der Mordfisch sein erstes Opfer gefunden:

Der 25jährige Student James Boren war mit seinem Surfbrett beim Wellenreiten, als er plötzlich in die Tiefe gerissen wurde. Sekundenschnell verfärbte sich das blaue Wasser des Pazifiks an der Stelle, an der er verschwand, blutrot.

Erst Stunden später, nachdem Freunde und Polizeibeamte eine Suchaktion gestartet hatten, fanden die Helfer eine erste Spur: Das weiße Plastik-Surfbrett wurde herrenlos angeschwemmt. Ein etwa ein Quadratmeter großes Stück fehlte, der Hai hatte es mit seinen scharfen Zähnen abgebissen. Anhand der Zahnabdrücke konnten sich die Fachleute schnell ein Bild davon machen, um was für einen gewaltigen Fisch es sich handeln mußte.

„Der Hai ist, nach der Struktur der Zähne zu urteilen, weiß und mindestens zehn Meter lang", gab der Direktor des Aquariums bekannt. „In dieser Jahreszeit treibt es viele Raubfische in die Nähe der Küste, für die zahlreichen Surfer in dieser Gegend besteht akute Lebensgefahr."

Inzwischen ist die Leiche des Studenten gefunden worden: Der Kopf des 25jährigen sowie Teile des Oberkörpers fehlten. In dem Film hat ein weißer Mörderhai nach und nach mehrere Badegäste getötet, bis schließlich ein Abenteurer mit einem Schiff auf die Jagd nach dem Ungetüm gegangen ist.

Der wirkliche Hai hat nun sein erstes Opfer – und wie im Film gibt es auch hier einen Abenteurer, der sich auf die Jagd nach ihm gemacht hat:

Der 37 Jahre alte Goldsucher David Fisse aus San Bruno kreuzt seit Tagen mit einem 8 m langen Motorboot und einigen Helfern an Bord vor der Pazifikküste, läßt Ochsenblut und Fische in das Wasser und taucht in Abständen auch selbst, um den weißen Hai anzulocken. Mit einem Unterwassergewehr will er den Mordfisch erlegen.

Auch dieser Jäger hat Ähnlichkeit mit dem Film, der seinen Produzenten Millionen von Dollars eingespielt hatte. Im Kino ist der Abenteurer auf seiner Suche nach dem Fisch tatsächlich fündig geworden:

Der Weiße Hai hat ihn aufgefressen.

Der Surfanzug des gefressenen Studenten (lin

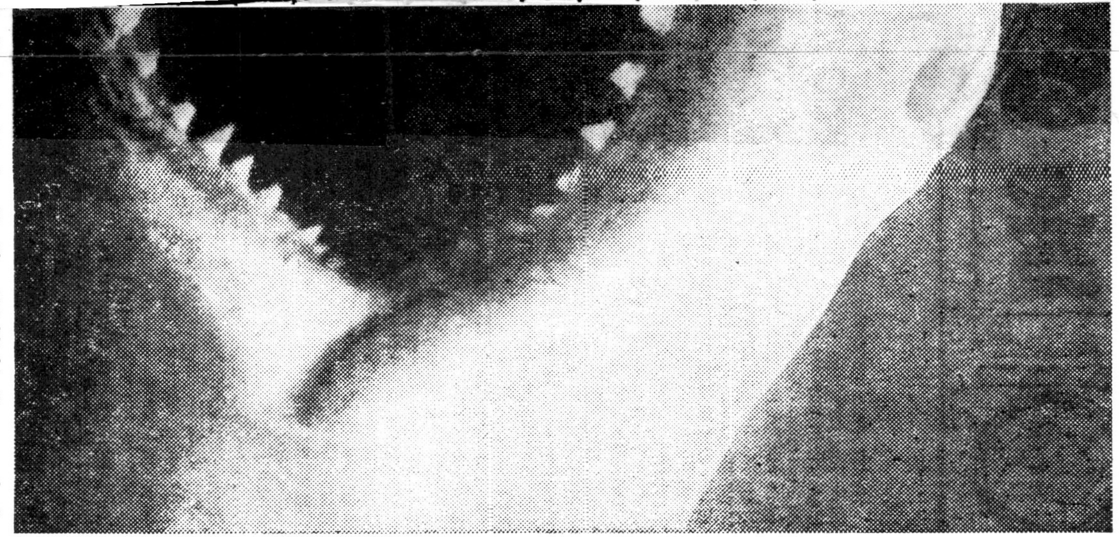

m Drehort ist der Streifen Wirklichkeit geworden"

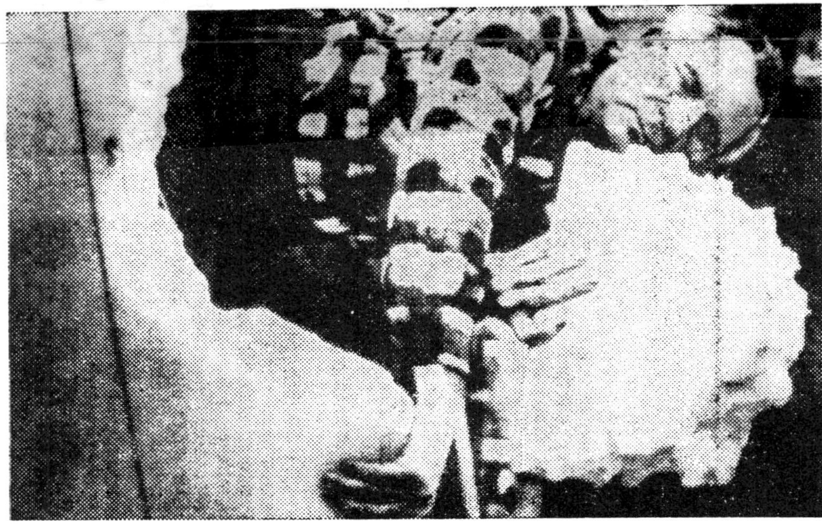

ks) und das ausgebissene Stück am Surfbrett (rechts)

Am dritten Tag des Traumurlaubs

Deutsches Ehepaar in der Karibik von Haien zerrissen

Von HENRY SLEUR

Offenburg, 21. Januar

Schon 1 935 000 Bundesbürger haben im sicheren Kinosessel den blutrünstigen „Weißen Hai" auf der Jagd nach Menschen gesehen.

Für ein deutsches Ehepaar wurden die Haie jetzt mörderische Wirklichkeit: Karl-Heinz Müller (54) und seine Frau Hildegard, wohlhabende Geschäftsleute aus Offenburg, sind im Urlaub in der Karibischen See von Menschenhaien zerrissen worden.

Es war der erste große Urlaub seit vielen Jahren. Elektrohändler Karl-Heinz Müller (er beschäftigt 40 Mitarbeiter) und seine Frau waren auf die französische Antillen-Insel Martinique geflogen.

Man hatte sie gewarnt

Nach dem Frühstück am dritten Tag wollten die beiden zu einer besonders schönen Bucht fahren. Sie mieteten sich ein kleines Fischerboot mit Außenbordmotor.

„Fahren Sie lieber nicht allein!" hatte man sie gewarnt, „die Strömung ist sehr gefährlich."

Doch das deutsche Ehepaar winkte ab: „Wir fahren ja nicht weit hinaus."

Sie kamen nicht mehr zurück.

Zwei grell-orangefarbene Leuchtkugeln, die gegen 21 Uhr in die tropische Nacht stiegen, waren das letzte Lebenszeichen. Fischerboote, Rettungshubschrauber und Marine-Schnellboote suchten vergeblich.

„Das können nur Haie gewesen sein", sagte ein Sprecher der Polizei.

Das Ehepaar hinterläßt zwei Töchter.

Tot: Karl-Heinz Müller

Tot: Hildegard Müller

Rentner saß tot im Sessel – 3 Monate lang

Hannelore Schmatz war eine erfahrene Bergsteigerin.

Deutsche lag 2 Jahre tot auf höchstem Berg der Welt

Rentner lag 20 Monate tot in der Wohnung ...und 200 Nachbarn merkten nichts

In der Pücklerstraße kannten fast alle Leute Heinz Krüger. Doch alle dachten, er sei aus seiner Wohnung in dem Haus mit den Gerüsten (Kästchen) weggezogen

Paar lag 10 Tage tot
im Altersheim – und
keiner merkte es

Arbeitsloser
saß 5 Wochen
tot auf
seinem Sofa

Zechpreller erstickte an einer Schweinshaxe

Von MATHIAS LOSSMANN

Marburg/Lahn, 26. Sept.

Der Tod eines Zechprellers: gestorben im „Krug zum Grünen Kranz" in Marburg, erstickt an einem zu großen Stück Schweinshaxe.

An dem Tag, den er nicht überlebte, hatte der 37jährige Horst H. besonders großen Appetit. Der arbeitslose Verlagsangestellte, gegen den bereits drei Anzeigen wegen Zechprellerei liefen, setzte sich mittags kurz vor 12 Uhr in einer Kaufhaus-Gaststätte an den Tisch und aß:

- eine legierte Tagessuppe;
- eine Portion Matjesfilet als Vorspeise;
- eine Portion Schweineschulter mit Sauerkraut und Kartoffelpüree
- einen großen Eisbecher mit Fürchten und Sahne;
- drei Stück Sahnetorte.

Und das Ganze spülte er mit sieben Bier hinunter, große natürlich.

Als es dann ans Bezahlen ging, flüchtete er durch den Notausgang.

Abends erschien der große, stämmige Mann dann im „Krug zum Grünen Kranz". Zuerst aß er ein großes Schinkenbrot, dann eine knusprige Schweinshaxe . . .

Plötzlich ein qualvolles Stöhnen. Der Mann fiel zu Boden und rang nach Luft. Der Arzt Dr. Seibke, der am Nachbartisch saß, konnte nicht mehr helfen.

So arbeitete sich eine Bäuerin zu Tode

Von ULRICH ISRINGHAUSEN

Bad Oeynhausen (Nordrhein-Westfalen), 2. 8.

Im Jahr der Frau hat sich die Bäuerin Irmgard H. (38) totgeschuftet.

Jeder Tag hatte für die hübsche, dunkelblonde Frau 19 Arbeitsstunden: **Um 3 Uhr** früh stand sie auf. Von **3.30 Uhr** bis **7 Uhr** mußte sie auf ihrem Hof in Dehme (bei Bad Oeynhausen) 100 Kühe maschinell melken, von **7 Uhr** bis **9 Uhr** Kühe füttern, von **9 Uhr** bis **10 Uhr** den Stall ausmisten. Dann trieb sie die Kühe auf die Weide.

Bis **mittags** half sie ihrem Mann Stroh einfahren. **Um 12 Uhr** kochte sie das Essen für die Söhne Wilfried (14) und Eckhard (11). Anschließend führte sie den Haushalt und erledigte Korrespondenz.

Um 16 Uhr mußte sie die Kühe von der Weide holen und alle 100 füttern und melken. Das dauerte **bis 22 Uhr. Erschöpft fiel** sie dann ins Bett.

Seit 15 Jahren hatte sie keinen Urlaub. Sonntags war für sie kein Feiertag.

Jetzt konnte sie dieses Leben nicht mehr ertragen: Als ihr Mann mit den Söhnen aufs Feld fuhr, fütterte sie noch einmal die Kühe. Dann ging sie zur Jauchegrube und sprang hinein. Sie starb.

Blitz erschlug Wurstkönig

Millionär Hans März

Von N. KÖRZDÖRFER und U. OFFENBERG

rb. **Rosenheim, 17. August**

Kurz unter dem Gipfel lächelte der Wurst-Millionär Hans März (45) erschöpft, aber zufrieden ins Tal hinunter. Er hatte es mal wieder geschafft – wie so oft im Leben.

Der Fabrikant der „Marox"-Würste (rotumrandetes, blaues Dreieck auf der Verpackung) trug Bergschuhe, Bundhosen und einen grauen Filzhut mit vielen Metall-Abzeichen. Es war Sonntag, 11.44 Uhr, und am Gipfelkreuz des Hochkönigs (2941 Meter) im Salzkammergut graupelte es.

Plötzlich schoß ein Blitz aus den Wolken. Er schlug direkt in den Filzhut des stämmigen Fabrikanten und tötete ihn auf der Stelle. „Mein Mann war plötzlich ganz hell", berichtete später Margot März (35), die nur einen Meter neben ihm stand. Sie wurde drei Meter zur Seite geschleudert.

Hans März hatte sich jede freie Minute in den Bergen erholt. Seit 1953 zimmert er mit drei Brüdern aus dem elterlichen Michgeschäft in Rosenheim einen stattlichen Konzern: eine Fleischfabrik in Rosenheim, eine Viehhandelsgesellschaft und eine Bierbrauerei in Togo (Afrika). Letzter Jahresumsatz: 100 Millionen Mark.

Hans März' Ehe war kinderlos. Morgen wird er beerdigt.

Wieder sprang ein Münchner vom Arabellahaus in den Tod

Zerschmettert blieb er auf einem Vordach liegen

„Du bist so ein Miststück wie J. R.!“

Larry Hagman als böser „J. R.“ in „Dallas“

Fr
ihren Mann

Von DAVID BURK

● Es geschah in Dallas: Der Versicherungsmakler William McKee saß im Wohnzimm und sah sich die TV-Ser „Dallas“ an (die geste

Kopfsc
Hausst

au erschoß
bei „Dallas"

end wieder in der ARD f) – da holte McKees Frau essie einen Revolver und erschoß den Makler vor dem Fernseher. Als die Frau abdrückte, schrie sie: „Du bist genauso ein Miststück wie J. R.!" **(Lesen Sie bitte weiter auf der letzten Seite.)**

huß vor der
r–tot!

Im Krimi des Jahrhunderts nach 14 Monaten die Leichen gefunden

Ex-Frau Rothschilds und ihre Freundin von Wölfen getötet

Erfolgreicher Tierarzt schläferte sich unter einer Tanne ein

Mit der Spritze, mit der er sonst Hunden und Pferden den Gnadentod gab

Von JOHANN-HEINRICH SCHRÖDER

Alsfeld (Oberhessen), 4. 9.

Der Tote lag zusammengekrümmt unter einer Tanne im Wald: Tierarzt Dr. Reinhard Brandenburg hatte sich das Blausäure-Präparat „T 61" gespritzt, mit dem er seit Jahren altersschwache oder todkranke Tiere eingeschläfert hat.

Der 41jährige Tierarzt war am Ende seiner Kraft — durch seinen aufreibenden Beruf, der nichts mit der Romantik der Fernsehserie „Alle meine Tiere" zu tun hat.

Vor neun Jahren hatte Dr. Brandenburg in der Kreisstadt Alsfeld (18 000 Einwohner) eine Praxis eröffnet.

Seine Frau, Dr. Christa Brandenburg (40), behandelte Kleintiere, Hunde, Katzen oder Kanarienvögel.

Dr. Brandenburg fuhr über Land: 600 Bauern mit 10 000 Rindern, 20 000 Schweinen, 5000 Schafen, einigen hundert Pferden und mehreren Hühnerfarmen brauchten ihn.

Oft dauerte sein Arbeitstag bis zu 20 Stunden. Meist war er auch am Wochenende in seinem Opel Rekord (mit Autotelefon) unterwegs. Eine Nacht durchschlafen — das kannte er kaum.

„Ja, das war noch ein Tierarzt vom alten Schlag", sagt Bauer Kuprat aus Leusel, „neulich war's um vier Uhr früh bei meiner ‚Olga' soweit: schwere Steißgeburt. Er kam sofort. Eineinhalb Stunden hat er gerackert — und Kuh und Kalb gerettet."

Im Taxi zum Sterben

Dr. Brandenburg war ungewöhnlich erfolgreich. Der Schlachthof-Direktor von Alsfeld lobt: „Kein einziges Mal ist ihm eine Kuh beim Kalben eingegangen. Und alle seine Ställe waren Tbc-frei."

Vor einem Jahr mußte Dr. Brandenburg, völlig überarbeitet, ins Sanatorium. Trotz dieses Warnzeichens stürzte er sich danach wieder in die Arbeit: Er wollte seine Bauern nicht im Stich lassen.

Vor zwei Monaten klappte er endgültig zusammen. Schweren Herzens mußte der „Tierarzt aus Leidenschaft" seine Land-Praxis an einen jüngeren Kollegen übergeben. Das konnte er nicht überwinden.

Am letzten Sonntag ließ sich Dr. Brandenburg im Taxi in den Taunus fahren — zum Sterben . . .

Tierarzt Dr. Brandenburg: Sein Hobby war die Jagd, aber er hatte keine Zeit dazu. Den letzten Bock schoß er vor zwei Jahren.

„Brenn, brenn!“ Auto-Rowdy ließ Opfer verkohlen

sad. **New York, 3. Februar**

Mit Tempo 80 raste Anthony Ramos (18) durch Manhattan. Vor einer Ampel knallte er auf einen stehenden Wagen, der sofort explodierte.

Fahrer William Fitzgerald (60) saß eingeklemmt in dem brennenden Auto. Ramos rannte zu dem Unfallopfer, streckte ihm die Zunge aus und höhnte: **„Los! Verbrenn, du Heini – brenn', brenn', brenn'!“** Fitzgerald, Vater von zwei Kindern, verkohlte völlig. Amokfahrer Ramos wurde verhaftet. Er kam aus einer Disco, hatte vermutlich Drogen genommen.

Autobahn bei 120: Einer schnitt — einer schoß

ner. **Frankfurt, 6. 12. Mit Schüssen auf der Autobahn übte der Frankfurter Postinspektor Alexander Sch. (39) Selbstjustiz gegen einen Verkehrsrowdy.**

Obwohl der Postbeamte keinen Waffonschein besitzt, hatte er eine ungarische 7,65er Pistole im Auto. Nachdem ihn ein Citroën GS von der Überholspur gedrängt und geschnitten hatte, streckte Alexander Sch. bei 120 km/st den linken Arm aus dem Fenster seines VW und schoß zweimal auf den Verkehrssünder vor ihm. Eine Kugel traf den Citroën-Fahrer in den Rücken. Der Postbeamte bekam nur sechs Monate mit Bewährung. Grund: Er war am Tattag krank und wetterdepriMiert.

Sie fesselten sich und rasten in den Tod

Liebespaartragödie auf der Autobahn

Von W. GIOTT und F. J. RICKERT

Unna, 20. Juli

Es sah nach einem Unfall aus. Nach einem ganz gewöhnlichen Unfall, wie er in diesen Urlaubstagen immer wieder auf den Autobahnen geschieht. Aus dem Autowrack zogen die Polizisten einen Toten und einen Schwerverletzten. Aber dann entdeckten die Beamten auch Briefe. Abschiedsbriefe!

„Keiner weiß, was wahre Liebe ist. Wir können nicht zusammenkommen. Die Schwierigkeiten sind zu groß“, lasen die Autobahn-Polizisten. Da wußten sie, daß dieser Unfall am Autobahnkreuz Unna—Dortmund eine besondere Geschichte hatte:

Das tote Verkehrsopfer wurde als die 20jährige Angelika Bach aus Lendringsen bei Menden identifiziert, der Schwerverletzte als Egon Abbenhaus aus dem Nachbarort Bösperde.

Mit Mullbinden und Heftpflaster hatte sich das Liebespaar aneinander gefesselt und war dann mit einer Geschwindigkeit von mindestens 140 km/h von hinten unter einen Lkw gerast.

Die beiden hatten sich in Angelikas Wohnung kennengelernt. Ihr Mann und Egon sind alte Schulfreunde. Wann immer sich die Gelegenheit ergab, trafen sich die Verliebten: mal in Köln, mal in Bonn, aber immer geheim. Als Egons

Angelika Bach: Tot

Egon Abbenhaus Verletzt

Ehefrau dennoch hinter das Verhältnis kam, unternahm sie einen Selbstmordversuch. Sie wurde zwar gerettet, aber ihr Mann kehrte nicht mehr zu ihr zurück.

Er setzte sich statt dessen mit seiner Geliebten ins Auto und gab Vollgas . . .

Tot: Ernst Zeising (62)

Tot: Thomas Baumann (13)

Tot: Herbert Baumann (40)

Sportflugzeuge stießen zusammen: Vier Tote

gm. **Paderborn, 12. Juli**

Vier Minuten vor Sonnenuntergang. Im Tower des kleinen Flughafens Paderborn-Lippstadt erwartete man noch zwei Sportmaschinen. Man wartete vergeblich.

In zwei Kilometer Entfernung krachte die einmotorige DO 27 mit der einmotorigen Piper 28 zusammen: Aus 200 Meter Höhe stürzten sie in einen Laubwald. Vier Tote wurden in den völlig zerfetzten Kabinen gefunden. Darunter Mathematik-Professor Hubert Baumann (38) von der Gesamthochschule Paderborn und sein 13jähriger Sohn Thomas.

Professor Baumann, Inhaber eines Berufspilotenscheins, **hat**te mit einer Club-Maschine einen 62jährigen Tabakgroßhändler aus dem Sauerland abgeholt.

Hundert Meter weiter, in den Trümmern **der DO 27, war der Pi**lot ums Leben gekommen, ein Student, der 40 Minuten zuvor fünf Fallschirmspringer abgesetzt hatte.

Fallschirmspringer prallten in der Luft zusammen – ein Toter

ap. **Indiantown (Florida), 16. 12.**

Mit ausgebreiteten Armen fallen zwei Menschen vom Himmel. Sie prallen in der Luft zusammen. Einer stirbt.

Diese Tragödie ereignete sich bei einem Schau-Fallschirmspringen in Florida. Fünf „Himmelstaucher" hatten sich aus einem Flugzeug gestürzt. Ihre Schirme wollten sie erst nach langem freiem Fall öffnen. Da prallten zwei der menschlichen „Vögel" zusammen. Der eine verlor das Bewußtsein. Seine Kameraden versuchten verzweifelt, sich in der Luft an ihn heranzurudern, um die Reißleine des Bewußtlosen zu ziehen. Aber der junge Mann stürzte 2000 Meter tief ab und schlug wie ein Stein auf. Minuten später landete der andere sicher an seinem Schirm.

Isarauen

Oma beim Entenfüttern ertrunken

1 Tote bei Rock-Konzert

12 000 Fans kämpften beim Konzert der Rock-gruppe **„Fischsuppe"** in Zagreb um die besten Plätze. Eine Schülerin tot, 15 verletzt.

Die fünf Hard-Rocker von „Saxon" grinsen in die Kamera: Auf der Bühne zünden sie ihre Gitarren an. Ihr größter Hit: „Wheels of steels".

Rock-Fan schüttelte Kopf – gestorben!

nico. **Wolverhampton,** 6. 1.

Wieder hat sich ein Rock-Fan vor Begeisterung totgeschüttelt – diesmal bei einem Konzert der englischen Hardrock-Gruppe „Saxon" in der Civic Hall von Wolverhampton: Der Schüler Christopher Tyrer (15) schüttelte seinen Kopf wie ein Irrer zur superlauten Musik – bis er zusammenbrach. Gehirnblutung! Er war sofort tot! **Im September letzten Jahres war ein 17jähriger in Ingolstadt umgekippt, wenig später ein Elfjähriger in England.**

Annerose

Wolfgang

Aus Liebe wollte er sterben – aus Liebe will er leben

tw. **Darmstadt/Rüsselsheim, 9. 12.**

Vor fünf Jahren sah er im Leben keinen Sinn mehr. Wolfgang war damals 18. Gemeinsam mit seiner Freundin Annerose (14) suchte er den Tod — aus Liebe. Heute, wo er wegen Totschlags vor Gericht steht, will Wolfgang leben: „Ich weiß jetzt, daß man sein Leben nicht wegwerfen darf." Wolfgang, Fernsehmechaniker aus Rüsselsheim, ist seit einem halben Jahr verlobt und will bald eine Apothekengehilfin heiraten.

Im Dezember 1970 hatten Anneroses Eltern ihrer Tochter verboten, sich mit Wolfgang zu treffen: Du bist einfach zu jung!" Die beiden hatten sich im Spielmannszug der Rüsselsheimer Feuerwehr kennengelernt. Das hübsche, braunhaarige Mädchen spielte dort Querflöte. Vor einer Jugendstrafkammer Darmstadt wurde gestern Wolfgangs Brief verlesen (er selbst schweigt): „Wir haben geplant, uns aufzuhängen, als wir nicht mehr miteinander gehen durften."

An einem 5 Meter hohen Hochstand im Wald bei Groß-Gerau knüpfte Wolfgang mit Perlonschnüren zwei Henkerschlingen. Annerose sprang zuerst. Das Seil riß — aber Annerose war tot. Genickbruch! Wolfgang knüpfte den leblosen Körper an eine Sprosse.

Der Abschiedsbrief des Mädchens: „Bitte, grüßt mein Schwesterchen Christine (5) von mir." Dann steckte auch Wolfgang seinen Kopf in die Schlinge. Wieder riß das Seil — dreimal! Wolfgang überlebte. Der Staatsanwalt: Wolfgang war die treibende Kraft. Das 14jährige Mädchen war gar nicht reif genug, eine solche Entscheidung zu treffen." Der Prozeß wird fortgesetzt.

Der Mann, der Sophias Schmuck raubte, beging Selbstmord

Sie liebt teuren Schmuck: Sophia Loren (41), aufgenommen vor ein paar Tagen in Paris. Die Kette aus schwarzen und weißen Perlen ist die Kopie des Halsbandes, das ihr vor 15 Jahren gestohlen wurde.

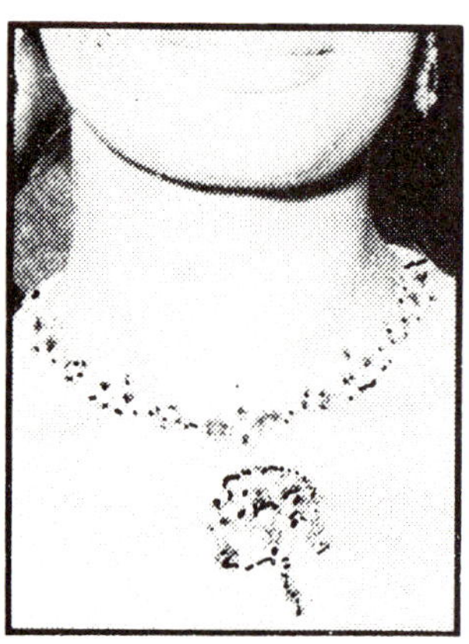

Dieses Geschmeide warf der Meisterdieb in den Regents-Kanal: ein Halsband aus Smaragden und Brillanten (Wert: 250 000 Mark).

sad. **London, 17. November**

Sophia Lorens Schmuck hat dem berüchtigten englischen Juwelendieb Peter Garfath Pech gebracht: Der 48jährige vergiftete sich jetzt in seiner Londoner Wohnung mit Schlaftabletten.

Kurz vor dem Selbstmord hatte Garfath einem Reporter des „Daily Mirror“ am Telefon gestanden, daß er vor 15 Jahren Sophias Schmuck im Wert von einer Million Mark geraubt hat: „Als die Loren mit ihrer Dienerin vor dem Fernseher im Salon saß, schlich ich ins Schlafzimmer und holte mir eine Kette, Ringe, Broschen und Ohrgehänge aus Smaragd, Rubin und Saphir.“

Der Dieb in seiner Abschiedsbeichte: „Als ich mir den Schmuck in derselben Nacht bei schlechtem Licht in meiner Wohnung ansah, hielt ich alles für Imitation. Deshalb warf ich die Juwelen in den Londoner Regents Kanal. Ich war wie vom Schlag gerührt, als ich am nächsten Tag in den Zeitungen las, daß der Schmuck echt war.“

Der Schmuck kann im Schlick des Kanals nicht mehr gefunden werden.

Kurz nach dem Schmuckraub 1960 in London: Sophia Loren sitzt traurig an der Themse.

12jähriger aus Versehen erhängt – mit seinem Schal

sad. **Karlskrona (Schweden),** 26. Februar

Sein modisch-langer Schal ist einem zwölfjährigen Schüler aus Karlskrona zum Verhängnis geworden. Der Schal hatte sich an einem Garderobenhaken verfangen, als der Junge im Umkleideraum der Turnhalle von der Sitzbank sprang. Er war allein. Klassenfreunde fanden ihn später — erhängt!

Fallschirm versagte – 60jährige tot

Ihr 158. Absprung wurde für Englands älteste Fallschirmspringerin Edith Summers der Todessprung! Die tollkühne 60jährige machte Urlaub in Florida, als sich der Hauptschirm nicht öffnete.

Zuviel Sex: Vergiftet

Ein englisches Sex-Quintett traf sich jeden Donnerstag im Bett. Weil ein 40jähriger zu viel Sex forderte, sollen ihn die anderen vier mit 30 Schlaftabletten im Whisky vergiftet haben. Jetzt stehen sie in London vor Gericht.

Nach drei Liter Bier in die Sauna — tot

f. h. **Birmingham,** 26. 4.

Nach drei Litern Bier wollte der englische Geschäftsmann Eric Dalton (50) in seiner Heimsauna alles gleich wieder abschwitzen. Diese Anstrengung verkraftete er nicht: Herzschlag!

„Wer getrunken hat, sollte auf keinen Fall sofort in die Sauna gehen", sagte Daltons Ärztin.

Baby von TV-Gerät erschlagen

elü. **Hamburg,** 26. Mai

Ein Fernsehapparat hat in Hamburg ein Baby getötet: Der tragbare Apparat stand auf einem stillgelegten Ölofen auf einer Decke. Die elf Monate alte Sabina zog an der Decke — und das Gerät fiel ihr auf den Kopf.

Der Hausarzt verordnete Zäpfchen gegen Kopfschmerzen. Zwei Stunden später war das Kind tot — Schädelbruch.

Frau filmte, wie ihr Mann ertrank

● Von einer Brükke filmte eine Hausfrau, wie ihr Mann (42) und ihr Sohn (10) in Kajaks auf dem Flüßchen Wörnitz (bei Öttingen) paddelten. Gelähmt vor Entsetzen filmte sie weiter, als die Boote kenterten, der Mann ertrank und der Sohn bewußtlos ans Ufer gespült wurde.

15jähriger beim Grillen verbrannt

ev. **Hemmendorf (b. Hameln),** 15. 7.

Es war gerade „Tag der offenen Tür", als das Unglück im Hemmendorfer Zeltlager der Jugendfeuerwehr geschah: Der Jugendleiter goß Spiritus über den Grill, eine Stichflamme schoß hoch. Entsetzt schleuderte er die brennende Flasche weg — genau vor die Brust eines 15jährigen. Der blonde Junge brannte vor den Augen seiner Mutter — er starb gestern.

Nachbarjunge zerstückelte Rentnerin

Die abgeschnittenen Arme und Beine der Frau lagen auf dem Küchentisch, der blutende Rumpf lehnte auf der Couch: So grauenvoll hatte ein Nachbarjunge (18) die Rentnerin Maria H. (75) in ihrer Wohnung in Prackenbach (bei Regen) mit dem Messer verstümmelt. Ein Raubmord – wegen 40 Mark.

Bauer erschoß im Gericht den Mörder seiner Tochter

dpa./ap. **Bijelo Polje (Jugosl.),** 6. Dez.

Blitzschnell sprang ein 60jähriger Bauer im Gericht von Bijelo Polje vor die Anklagebank, zog eine Pistole und erschoß den Angeklagten mit zwei Schüssen. Das Gericht hatte sich gerade zur Beratung zurückgezogen. Der 18jährige Angeklagte hatte die Tochter des Bauern umgebracht, als sie sich einer Vergewaltigung widersetzte. Der Mord im Gerichtssaal ist der zweite Fall von Blutrache in Jugoslawien in diesem Jahr.

Sie stichelte, er erwürgte sie

● „Ich habe meine Frau nachts im Bett erwürgt", gestand ein Heizer (30), der seit gestern in München vor Gericht steht. Die Frau (54) soll zu ihm gesagt haben: „Du mit deinem kleinen Ding kannst eine Frau gar nicht glücklich machen."

Sparkassen-Chef vergiftete sich

dpa. **Koblenz,** 1. 4.

Aus Sorge um die Zukunft seiner Frau hat sich der ehemalige Sparkassen-Chef Jakob Klien (60) kurz vor seinem Prozeß vergiftet. Im Abschiedsbrief steht: „Ich habe Selbstmord begangen, damit meine Frau jetzt Witwenrente bekommt. Bei einer Verurteilung hätte sie von der Fürsorge leben müssen . . ."

Klien soll als Chef der Sparkasse Mehlwenheim (bei Koblenz) 1,2 Millionen Mark veruntreut haben.

Gerettet — Freitod

cg. **Sottrum,** 21. Mai

Der Maurer Walter B. (31) aus Sottrum bei Hamburg hat sich auf einem Bahnübergang vor den Zug geworfen: an derselben Stelle, an der er vor einem Jahr mit seinem grünen VW die geschlossene Schranke durchbrochen hatte. Während er sich mit seinem Sohn (3) damals ins Freie retten konnte, wurden seine Frau und deren Mutter vom Intercity zermalmt.

Lehrerin mischte Gift in die Milch – drei Schüler starben

ap. **Angol (Chile),** 13. 10.

Aus Eifersucht hat eine 48jährige Lehrerin an der Volksschule von Angol in Chile Insektengift in die Milch gemischt, die ihre Kollegin an die Schüler verteilte. Drei Schüler starben. 40 Kinder mußten ins Krankenhaus. Die Lehrerin liebte denselben Mann wie ihre Kollegin.

Wirtin tot in Kühltruhe

Eine Berliner Wirtin (57) lag erdrosselt in ihrer Bierkühltruhe — ihre Kasse war ausgeräumt, zwei Automaten aufgebrochen. Der Hauseigentümer hatte sie entdeckt, als er das Licht im Keller kontrollieren wollte.

Die grau Kaff tiefgefr

Von D. HARVEY und L. AMON

● Italiens Kaffeekönig Giovanni Palombini (80) ist ent- führt, ermordet und tiefgefroren worden. Nach Wochen hol- ten die Kidnap aus der Tiefkü

Kind starb in Tiefkühltruhe

Sommerliche Idylle: Blühende Rosen vor dem Haus, eine Windmühle — hier fühlte sich Michael glücklich und geborgen.

Fortsetzung von Seite 1

Und dann sagte die Mutter, daß sie jetzt rüber zur kranken Nachbarin müsse, mal nach dem Rechten sehen. Michael sagte: „Dann fahr ich eben zu Papa." Es war inzwischen 10.30 Uhr. Um 12.00 Uhr gab's Mittagessen. Der Junge war nicht da.

Frau Hagemann rief ihren Mann an, der in einer Schlachterei arbeitet: „Hör mal, Ernst, weißt du, wo Michael ist?"

„Bei mir war er nicht."

Jetzt wurde Frau Hagemann unruhig. Sie lief in den Kindergarten (wo Michael immer gern war), fragte Nachbarskinder.

Sie suchten im Garten, im Haus — es war 15.30 Uhr, als Herr Hagemann den Deckel der Gefriertruhe öffnete.

„Nein, nein! O Gott!" Diesen Schrei ihres Mannes wird Frau Hagemann nie vergessen.

Zusammengekrümmt lag Michael in seinem weißen T-Shirt, mit schwarzer Turnhose und blauweißen Turnschuhen steifgefroren in der Truhe. Auf Gemüse und Fleisch. Sein Gesicht war friedlich, als ob er schliefe. In der eisig erstarrten Hand hielt er ein Mickymaus-Heft, daneben eine Taschenlampe. „Der Junge hat höchstens drei Minuten gelebt", hat man den Eltern gesagt.

In der Küche liegt noch Michaels gefüllte Schultüte.

Schuster der Queen von Piraten erstochen

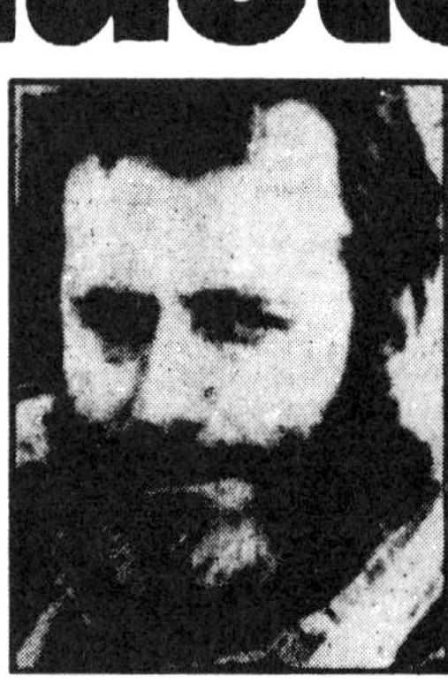

Hofschuster Mike Crokker. „Wir waren so stolz auf ihn", sagte weinend der Vater.

igste Entführung:
ee-König
oren Millionen erpreßt

n Toten | ihn in einen Lehnstuhl und fo- | noch am Leben. Mit diesem | zehnköpfige Bande 1,6 Millio-
setzten | tografierten ihn – so, als sei er | grausigen Trick erpreßte die | nen Mark Lösegeld.

letzte Seite

Aus Angst vor der Schule: Junge in Kühltruhe erstickt

Von HANS SCHULTE-WILIKES

Husum, 8. August

Aus Angst vor seinem ersten Schultag hat sich ein kleiner Junge zu Hause in der Kühltruhe versteckt. Der sechsjährige Michael Hagemann erstickte. Er war steifgefroren, als sein Vater ihn fand.

Die Hagemanns wohnen in einem blitzsauberen, reetgedeckten Haus. Roter Klinker, großer Garten, Sandkiste für Michael — und hinten auf der Wiese das Pony „Blacky", Michaels liebster Freund.

Vorgestern früh saß Michael in der Küche, trank ein Glas Milch und sagte plötzlich: „Du, Mama, du weißt, ich will nicht zur Schule. Da könnt ihr euch auf den Kopf stellen. Und wenn ihr mich doch hinbringt, dann weiß ich ein Versteck, wo ihr mich nicht findet."

Die Gefriertruhe der Hagemanns steht im Flur zwischen Küche und Wohnzimmer. Frau Hagemann ermunterte ihren einzigen Sohn: „Aber Michael, wenn du was werden willst, mußt du doch zur Schule. Alle Kinder müssen zur Schule. Du willst doch Kapitän auf einem Krabbenkutter werden, dann mußt du eben erst recht zur Schule gehen. Brigitte (Michaels 14jährige Schwester) geht doch auch gerne zur Schule."

Es war kurz nach 10.00 Uhr. **(Weiter letzte Seite.)**

Kleiner Junge im Schornstein verhungert

sad. **Bynea (England), 28. Juli**

Todesschreie hallten aus dem Schornstein der Schule. Ein zehnjähriger Schüler steckte tief unten in der rußgeschwärzten Röhre. Niemand hörte sein Hilferufe. Er starb qualvoll vor Hunger und Durst.

Stephen Powell aus dem Dorf Bynea in Südwales hatte versucht, durch den Schornstein in sein Klassenzimmer zu rutschen. Aber weil der Kamin unten 30 Zentimeter eng ist, wurde das Kind festgeklemmt. Jetzt — nach fast zwei Monaten — entdeckte der Hausmeister die Leiche beim Reinigen der Ölheizung.

Der kleine Stephen hatte oft den Unterricht geschwänzt. Er fürchtete, auf eine Sonderschule geschickt zu werden. Am 31. Mai riß er von zu Hause aus. Eine Suchaktion von Polizei und Militär blieb erfolglos.

Nachts stellten seine Eltern immer Essen vor die Tür, weil sie hofften, daß Stephen noch lebe und sich irgendwo im nahen Wald versteckt.

Stephens letzte Stunden müssen furchtbar gewesen sein: Er litt an Asthma, bekam schlecht Luft und hatte außerdem panische Angst vor Dunkelheit.

Baby aus Kinderwagen geraubt und ertränkt

ph. Rednitzhembach (b. Nürnberg), 21. 1.

In dem idyllischen Franken-Ort Rednitzhembach wurde ein elf Monate altes Baby aus einem Kinderwagen geraubt und in die Hochwasser führende Rednitz geworfen!

Die 63jährige Großmutter des Kindes sagte bei der Polizei aus: „Ich ging mit Kerstin am Rednitzufer spazieren. Plötzlich sprang ein etwa 1,75 Meter großer Mann hinter einem Busch hervor. Er riß Kerstin aus ihrem Wagen und lief zum Ufer. Ich schrie laut um Hilfe, aber niemand hörte mich."

Baby sper in Küh tot, Eis

Von SIEGFRIED HELM

sad. **Guildford (England), 1. April**

Ein Babysitter hat in England einen hübschen blonden Jungen lebendig in die Tiefkühltruhe gesperrt. Der 19 Monate alte Oliver wehrte sich verzweifelt, wimmerte und schrie — bis er starb und zu Eis erstarrte. Die Eltern, Bauingenieur Ian Jackson (33) und Frau Annabel (32), waren am Nachmittag einkaufen gefahren.

Das Nesthäkchen, den kleinen Oliver, gaben sie in die Obhut der 19jährigen Abitu rientin Pauline Tidy. Sie wohn

ysitter rt Kind truhe- sblock

in der Nachbarschaft und hatte schon öfter Kinder anderer Familien gehütet.

Als das Ehepaar Jackson am Dienstagabend in sein Haus in Guildford zurückkam, war der Babysitter verschwunden — Oliver auch. Nachts alarmierten die besorgten Eltern die Polizei. Die Beamten durchsuchten das ganze Haus. Als sie in der Garage den Schnappverschluß der Tiefkühltruhe entriegelten und den schweren Deckel öffneten, sahen sie auf den Lebensmitteln den steifgefrorenen Jungen im Strampelanzug — verkrampft, ein Eisblock.

Wenig später wurde die dunkelhaarige Oberschülerin auf der Straße verhaftet. Sie ging ziellos durch die Stadt.

Streit um Wirtin: Amokschütze tötet Wirt, Polizist gelähmt

tw. **Kassel, 20. Oktober**

Wochenende im „Korbacher Eck" in Kassel: Fröhliche Gäste, Bier und Korn laufen, Lachen, die Musikbox dudelt! So auch in der Nacht zum Samstag. Doch plötzlich knallen Schüsse, schreien Menschen, fließt Blut: Wirt Joachim Schieck (37) stirbt an einem Herzschuß, der Polizeiobermeister Hans-Dieter Theiß (33) erhält einen Schuß in die Brust, der in der Wirbelsäule steckenbleibt: Querschnittgelähmt, er wird nie mehr gehen können.

Das blutige Drama begann kurz nach Mitternacht. „Das Kind deiner Frau, das ist doch gar nicht von dir, das ist doch von dem da", grölte der Uhrmacher Joseph Kufzczka (57) und zeigte auf den Polizisten.

Wirt Schieck wurde blaß vor Wut, Wirtin Gisela (36) rannte in die Küche.

„Halt dein Schandmaul", brüllte der Polizist, doch der Uhrmacher war nicht zu bremsen: „Ich hab doch auch mit ihr geschlafen!" Da warfen ihn Wirt und Polizist hinaus.

Eine Viertelstunde später war der Stänkerer wieder da — in der Hand eine 7,65-mm-Bernardelli: Viermal schoß er auf den Wirt: Herzschuß, einmal auf den Polizisten. Dann wurde er überwältigt und festgenommen.

Glück am Spielautomaten – Wirtin zog den Stecker: Mord

Von PETER VOSS **Limburg,** 16. September

ER WAR DER LETZTE GAST.

„Macht schnell, ich will zumachen!" sagte die alte Wirtin von der „Alsbach-Schenke".

„Ja, ja", sagte Karl-Heinz Scheld und steckte noch zwei Mark in den Spielautomaten. Die bunten Scheiben kreisten, plötzlich klingelte es: Er hatte eine Superserie gewonnen. Das bedeutete mindestens 40 Freispiele und mindestens 80 Mark Gewinn. Er strahlte.

Aber da zog Wirtin Johanna Daum den Stekker für den Spielautomaten heraus: „Ich hab' doch gesagt Feierabend, und dabei bleibt's!"

Das war der Augenblick, in dem der bisher unbescholtene Mann, Vater von fünf Kindern, Fernfahrer, Eigenheimbesitzer, die Nerven verlor. Und deshalb steht er seit gestern wegen Mordes vor dem Limburger Schwurgericht.

Blind vor Wut hatte der 40jährige Fernfahrer mit einer Bierflasche auf die Wirtin eingeschlagen. Als sie aber blutend am Boden lag, holte er aus der Hausapotheke Mullbinden und verband sein Opfer.

Bis dahin wäre es schwere Körperverletzung gewesen, vielleicht versuchter Totschlag . . . Doch was der Mann dann tat, brachte ihm die Mordanklage ein: Er erwürgte die 67jährige Frau. Verteidiger Egon Geis: „Das war höchstens Totschlag."

Der Prozeß wird fortgesetzt.

Kleines Mädchen wollte Puppe in Fluß waschen – ertrunken

rh. **Menden (Sauerland),** 8. 1.

Die vierjährige Tanja beugte sich weit über die Uferböschung des Flüßchens Hönne: Sie wollte ihre Barbiepuppe waschen, die sie zu Weihnachten bekommen hatte. Tanja verlor das Gleichgewicht. Die Puppe fest umklammert, stürzte sie in die hochwasserführende Hönne mitten in Menden und wurde vor den Augen ihrer Freundinnen von der starken Strömung fortgerissen. Später wurde das ertrunkene Mädchen an einem Stauwehr gefunden.

● Hof verschuldet – erschossen

„Er wollte mir das Letzte nehmen." So erklärte der westfälische Großbauer Fritz D. (60) vor dem Gericht in Bielefeld, warum er seinen Schwiegersohn Manfred (27) erschoß . . . Fünf Jahre lang hatte der Bauer den 270 Morgen großen Hof (310 Schweine, 100 Rinder) an Manfred verpachtet: **„Aber er machte nur Schulden. Ich wollte den Hof zurück."** Da lud Manfred die Lieblingsstute „Wiebke" auf einen Transporter und sagte: **„Sie wird geschlachtet."** Der alte Bauer schoß ihm mit einen KK-Gewehr ins Herz. Urteil folgt.

Junge (10) ermordet Vater

Absturz! Tochter aß Vater

Dunkles Haar, strahlendes Lächeln – Donna Johnson, das Mädchen, das seinen toten Vater aß. In den schaurigen Wochen nach dem Absturz sind ihre Zehen erfroren.

dig./sqd. **New York,** 2. Juni

Halb wahnsinnig vor Hunger hat die 18jährige Kanadierin Donna Johnson etwas Schauerliches getan: Sie hat Fleisch von der Leiche ihres Vaters (50) gegessen! **Weiter letzte Seite**

Tochter aß Vater

Fortsetzung von Seite 1

Zusammen mit ihrem Vater (50) ihrem Schwager (25) und einem Piloten war Donna am 5. Mai mit einer kleinen Sportmaschine in den schneebedeckten White-Cloud-Bergen Idahos abgestürzt. Alle vier überlebten den Aufprall, die Maschine zerschmetterte.

Aber: Donnas Vater erfror chon in der ersten Nacht – er atte Donna seinen Mantel um ie Schultern gelegt, weil ein eisiger Wind pfiff, minus 20 Grad.

Wenig später starb der Pilot – nur einen Kilometer von der Absturzstelle entfernt. Er wollte Hilfe holen . . .

Jetzt war Donna allein mit ihrem Schwager. Der Proviant, Süßigkeiten, ging zur Neige, der Hunger wurde immer quälender – und da lag der tote Vater . . .

Donnars Schwager hat zugegeben, daß er und das Mädchen Teile der Leiche gegessen haben: „Wir sprachen zu Gott und wir beteten, wußten wir doch, wir mußten von ihm essen. Und so taten wir es."

Erst drei Wochen später wurden Donna und ihr Schwager in der Nähe des Städtchens Challis gefunden. Der Sheriff: „Kannibalismus – sie mußten es tun, um zu überleben."

Der Tote war Kanadas Hähnchenkönig. Der Gerichtsarzt, der ihn obduzierte: „Ich muß die Überlebenden schützen, am besten halte ich den Mund."

Ehefrau mit weißer Farbe ermordet

Die Ermordete: Gertrud Thiedke (63)

– und dann im Schlafzimmer eingemauert

Von J. MÖLLER u. K. SCHLICHTMANN

Hannover, 4. März

Leise geht Kfz-Mechaniker Willi T. (62) kurz nach Mitternacht ins Schlafzimmer, in der rechten Hand einen Plastikeimer mit weißer Binderfarbe. Gertrud (63), seine Frau, schläft schon. Er hebt den Eimer, gießt ihr die 18 Kilo Farbe über den Kopf. Frau T. erstickt qualvoll.

Bei „Varieté" kam die Idee

Die Idee, die Frau, mit der er 33 Jahre verheiratet war, umzubringen, kam ihm am 4. Februar. Mit Frau und Freunden sah er im Fernsehen Lou van Burgs „Varieté, Varieté". Als die Freunde nach Hause und Gertrud ins Bett gegangen waren, blieb er im Wohnzimmer sitzen, überlegte. Dann ging er in den Keller, holte den Eimer ...

Nach der Tat legte er die Leiche in den breiten, selbstgebastelten Holzschrank im Schlafzimmer, übergoß sie mit einem Gemisch aus Kalk und Sand. Weil noch ein Fuß rausragte, baute er einen Holzverschlag davor. Auf den steinharten Block legte er Seifenstückchen, damit die Kleider im Schrank den Leichengeruch nicht anzogen.

Dem erwachsenen Sohn und den Nachbarn erzählte er: „Gertrud ist vom Einkaufen nicht zurückgekommen." Er schlief auch nicht mehr im Ehebett, sondern auf der Couch im Wohnzimmer.

Willi T. mögliches Motiv: Er liebte heimlich eine Frau in Langenhagen. Ihr schickte er Halsketten und Ringe der Toten, auch den Hausschlüssel. Die Frau sandte alles zurück, wollte von Willi offenbar nichts wissen.

Die Post brachte Mutters Schmuck

Der Hausmeister übernahm das zurückgekommene Paket, denn Willi T. war mit Kreislaufstörungen im Krankenhaus. Der Sohn öffnete es, sah den Schmuck der Mutter, ging zur Polizei.

Gestern wurde die Leiche als Steinblock zur Obduktion in die Gerichtsmedizin gebracht.

Nonne beraubt – Gottes Strafe folgte

● Wütend rannte eine amerikanische Nonne (55) im Schnellzug Genf–Ventimiglia hinter einem Dieb her, der ihr die Handtasche weggerissen hatte ... Bei Tempo 130 sprang der 26jährige aus Angst bei Avignon aus dem Zug – tot! In seinen Taschen steckten 245 Dollar, ein Fotoapparat und mehrere Ringe der Nonne.